日経文庫
NIKKEI BUNKO

コンサルタント的　省力説明術。

小早川鳳明

JN098055

日本経済新聞出版

最近、同僚に
差をつけられてしまった

自分には実力があるのに
きちんと評価してもらえていない気がする

会社や上司に自分の想いや考えが
うまく伝わらずもやもやする

本書は、
こんな悩みを
解決するための本です。

はじめに

筆者は、国内企業・海外企業の企業買収や経営再建・事業承継に長年携わってきました。外国企業買収後に株主として現地企業に乗り込んだり、グローバルコンサルティング会社の一員として、グローバル企業の国際M＆Aを手掛けたりしたこともあります。こうした活動の中で、日本人・外国人、役員・一般社員と、本当に多様な国籍・階層の人々と仕事をさせてもらいました。

そこでよく出会ったのが、冒頭の3つの悩みを持つ人々です。

頑張っても、仕事がうまくいかない理由

このような悩みを持つ人の多くは、仕事に対して真面目な頑張り屋です。「たくさん資料を作って、たくさん相手に説明すれば、周りの人を納得させることができ、自分が思い描いた通りに仕事が進んでいく」と思い込んでいます。

確かに、組織の中で仕事をうまく進めるためには、周囲に上手に説明をして理解を得るこ

とが不可欠です。しかしこれは、頑張るだけではうまくいきません。時間を費やしてたくさんの情報を準備したとしても、情報が多すぎると本当に必要な情報がぼやけてしまいます。自分がせっかく調べたり考えたりした成果が相手にうまく伝わらなくなってしまいます。しかし、これでは周囲の理解は得られず、仕事はうまくいきません。残念ながら評価もされないでしょう。

その結果、このような状況に陥ってしまうのです。

「よかれと思って、頑張って細かく説明したが、相手をいらだたせた」

「よかれと思って、たくさん情報を盛り込んだ資料を作ったが、結局何が言いたいのかと怒られる」

仕事がうまくいくのは、「説明力」が高い人

●「仕事で何かを説明する際は、オリジナリティーの高いストーリーを作ったり資料をゼロから新しく作ったりしなくては」と考えている。

●「資料作成時には似たようなフレームワーク（枠組み）の使いまわしは避けるべし」と思っている。

どちらかに心当たりがある人は、これらが原因で仕事がうまくいっていない可能性があります。

仕事がうまくいっている人は、説明や報告のための資料をゼロから作ることはありません。資料作成でオリジナリティーを出すことにこだわりません。

むしろ定番のテンプレートや説明のパターンを繰り返し使用して、さまざまな説明シーンに対処します。そうすることで説明がシンプルになり、分かりやすい説明ができるようになります。こうして周りの人の評価が高まり、仕事がうまく回るという好循環が生まれるのです。仕事がうまくいく人は、頑張りすぎずに上手な説明ができる「説明力」が高い人なのです。

説明力が高い人に共通する5つの「脱力」

高い説明力を持っている人に共通するのは、「脱力」が上手なことです。ここでいう脱力とは、「頑張らずに力を抜くこと」を指します。

脱力系説明スキルを高めるには、これまでの常識を捨てる必要があります。ポイントは、多くの人が従来努力してきたであろう5つを「頑張らない」ことです。

本書では、この5つを順に説明していきます。

①クリエーティブに考えない【思考法・分析編】

まずは思考・分析です。一般に思考にはクリエーティビティーが重要だとされますが、実際は世間に広く知られているフレームワークを利用したほうが分かりやすい説明ができます。世間に広く知られているということは、それだけ多くの人にとって理解しやすいということだからです。

ただし、よく知られているフレームワークだけでは複雑な事象が説明できません。第1章では、基本的な思考のフレームワークをうまく活用して、複雑な情報を整理する方法を紹介します。

②ゼロから作らない。プレゼンは〝構成〟がすべて【プレゼン編】

脱力系説明スキルを備える人は、プレゼンの構成をゼロから考えません。使い慣れたパターンを使いまわします。相手が欲しがっている情報を効果的に伝えるための「鉄板の構成」を持っていて、それを活用するのです。

プレゼンの中身が変わっても、この構成は変える必要がありません。鉄板の構成は、どんな場面にも通用するのです。第2章でその中身を紹介します。

③難しいテクニックは使わない。〝化粧〟で乗り切る【資料作成編】

脱力系説明ができる人は、ＰｏｗｅｒＰｏｉｎｔ（パワーポイント）の高度な機能は使いません。その代わりに、「手書き8割」で資料を作ります。そのほうが相手に伝わる資料を作りやすいからです。

修正にも手間をかけません。「この資料では分かりにくい」と上長から指摘されたとしても、最初から真面目に考え直すことはしません。小手先の表現テクニックを組み合わせ、表面上の見え方を変える〝お化粧〟をして乗り切ります。第3章では、相手を納得させられる脱力系資料作成方法を紹介します。

④オリジナリティーある資料は作らない【定型化編】

脱力系説明ができる人は、資料や文書作りに3つのパターンを持っています。この3つを状況に合わせて使い分けます。

いつも似たような資料ばかりを作るのはよくない、もっとオリジナリティーを出さなければ――。そんな考えは捨てましょう。仕事で必要な資料の種類は限られています。3つの王道パターンを持っておくことで、資料の質が安定し作成時間も短縮できます。ただ、説明の場面や相手に合わせて情報の粒度を微調整することは必要です。第4章でその方法を紹介します。

⑤情報収集の網は広げない【情報入手編】

脱力系説明ができる人は、資料作りのための情報収集も頑張りません。ポイントは、網を広げず当たりをつけてから情報収集に着手すること。これを難しい呼び方で「仮説思考」と表現することもありますが、実はこれは誰もが日常生活で無意識のうちに実践しています。それを仕事にも生かせばよいだけです。

頑張って幅広く情報を集めても、多くの場合時間の無駄となってしまいます。これを避けるために、どのように当たりをつければよいのか第5章で解説します。

実は①~⑤は、外資系コンサル出身者が毎日、鍛えているスキルでもあります。筆者自身、研修トレーナーも務めていましたが、若手社員を指導するときもこれらを伝えていました。これまで共に働いてきた外資コンサル出身者たちも、この5つを基礎スキルとして身につけていました。

本書では、これらを読者の皆さんが、日々の仕事をイメージして身近に感じていただけるよう、実際にありそうなシーンを設定しながら説明しています。

なお、本書で説明する内容は、知識として覚えてもまったく意味がありません。読者の皆さんには毎日のあらゆる仕事の場面で生かしていただきたいと考えています。ご自身の仕事と結びつけながら身につけていただけるよう、各回の最後に宿題もつけています。力を抜いて高い「説明力」を体得するために、是非実践してみてください。

目次

第1章 クリエーティブに考えない[思考法・分析編]

1 ロジカルに話せる人と話せない人、何が違うのか 19
クローズ質問には、はい・いいえで答える／ロジックツリーを使い、相手の思考プロセスを想像する

2 もう検討漏れで後戻りしない！「ロジックツリー」の活かし方 27
思いつきでロジックツリーを作っても全容を把握できない／まずは思考のフレームワークを作る／新規事業の参入分野検討にロジックツリーを使用する／全体像を把握し、忘れていた視点に気づくためのロジックツリー

3 上司を納得させる「SWOT分析」の基本と落とし穴 36
4象限の区分では説得力のある分析になりにくい／「SWOT」×「分析の軸」で、細部に目を向ける／SWOTにも定量データを用いる、そうすれば競合と比較して語れる／目的に合わせて分析の軸（縦軸）を自由に設定しよう

4 経営企画部に喜ばれる収支計画書の書き方 47
キャッシュアウトと費用は異なる／会社全体のキャッシュ残高を意識

第2章
ゼロから作らない。プレゼンは〝構成〟がすべて
［プレゼン編］

1 プレゼンを成功させる5つの仕掛け 55
張り切ってプレゼンしたが、聞き手はつまらなそう／出席者の興味や関心を把握せずにプレゼンしても失敗する／プレゼン内容を考える際に意識すべき5つの仕掛け

2 ダメなプレゼンを回避できる「鉄板の構成」 67
顧客への提案時にも「鉄板の構成」を応用する

3 「結論」はいつ述べる？ 反論されにくいプレゼンの秘訣 73
結論を最後に話すと、説明の途中で反論されにくい／結論を最初に話すと説明の途中で反論されるリスクが／信頼関係のある相手なら、結論を最初に／「背景説明を省いても問題ないか」で判断

第3章
難しいテクニックは使わない。〝化粧〟で乗り切る
［資料作成編］

1 PowerPoint資料作成、「手書き8割のルール」を意識しよう 84
「何を伝えたいのか分からない」と言われてしまった／「はじめからPowerPointを起動」は失敗する／資料作成プロセスのほとんどは紙とペンで／手書きは遠回りに見えて、実は近道／資料作りが苦手な人に勧める「手書き8割」

2 手戻りを防ぎラクしたいからこそ、面倒でも必ずやるべきプロセスとは 92
資料に盛り込むべき話題はどれか？／資料の構成に迷ったら、まずは思いつくままにすべて書き出す／書き出した内容をグループ化し、切り捨てる

3 説得力を高める「メッセージ」で資料の価値を高める 99
トピックごとにメッセージを明確にする／主張がない資料は価値が下がる

4 メッセージが伝わらない「ダメなレイアウト」を回避する 107
メッセージを基軸にスライドデザインを考える例／ダメなスライドのメッセージレイアウト、3つの特徴とは／良いスライドのメッセージレイアウト、2つの特徴

5 文字だけのスライドは「コマ割り」ですっきりと 115
まずは、コマ割りを考える／「動的なメッセージ」は流れを意識したコマ割りを
「静的なメッセージ」は1枚の絵で事実を説明する

6 PowerPointで色の使いすぎはご法度、お勧めはこの2色 122
意外にできていない「3つのコツ」／使う色の種類はとにかく少なくする／
色使いを誤ると、メッセージの発信力が弱まる

7 矢印1つで手軽に。アピール力を高める 131
たった1つの矢印で説得力アップ／矢印の位置を変えれば逆のメッセージを伝えられる

8 文字が多い資料は、コマ割りで手間なく修正 142
文章を変えずに修正できる／コマの流れを作ることを意識する

9 聞き手がイライラする「枚数が多すぎるスライド」には
地図を入れる 149
冒頭にエグゼクティブサマリーを追加する／各スライドに小さな〝地図〟を入れる

第4章 オリジナリティーある資料は作らない［定型化編］

1 議事録作成は鉄板フォーマットで効率化 157
品質よりもスピード優先／議事録の3つのパターンを意識する／自分の言葉で説明を補足する／コンサルが使う鉄板議事録フォーマット

2 スケジュール作成法3つ、計画があいまいなときに向くのはどれ？ 165
3つのスケジュール作成方法／具体化できないなら「方針レベル」を使う／あいまいなままでもスケジュールは作れる

3 頼りがちなWBS。WBSよりも適したスケジュールとは？ 172
組織全体の目線でスケジュールを立てる

第5章 情報収集の網は広げない［情報入手編］

1 情報が多すぎて整理できない！ 原因は「情報の集め方」に 183
仮説思考は身近にあり。事前に当たりをつけること／当たりをつけてから情報収集を開始／スライド作成時はメッセージを決めた後で情報収集

2 脱力系情報収集にお勧め、無料で役立つ情報ソース 190
上場企業が開示しているIR情報は宝の山
3 自社商品が売れていない理由を「3つのステップ」で調べる 194
4 期待の商品が売れない。原因の分析方法（ファネル分析―Part1） 199
どの段階で流出が発生しているかを明らかに／消費者の購買行動が見えてくる／
自社と競合を比較できる／業務活動の改善に役立つ
5 そのWebアンケートは本当に役立つ？
不振の真の理由を探る方法（ファネル分析―Part2） 210
商品Aが購入されない原因を、ファネルで分析／
Webアンケートの質問事項は、ファネルを意識して作る／
競合他社と比較しなければ問題点は分からない／
問題点が分かったら、具体的な改善案を検討

第１章

クリエーティブに考えない

[思考法・分析編]

自分の考えを誰かに説明するときには、皆が知っているフレームワークだけを利用して整理することが効果的です。

他人は知らない独自のフレームワークや難しいフレームワークを使うと、相手はまずそのフレームワークを理解することから始める必要があります。これでは、分かりやすい説明にはなりません。誰も知らない整理方法を考え出して説明しようとするのは時間と労力がかかる割に、相手にとっては不親切な説明となってしまい非効率です。

だからといって、皆が知っているフレームワークを、使い方を勉強せずにそのまま利用するのもダメです。説明すべき内容を適切に整理できず、価値の高い成果を生み出せません。

第1章では、ぜひ覚えておきたい定番のフレームワークを紹介します。ロジカルな思考をするための「ロジックツリー」、事業分析のための「SWOT分析」です。さらに、事業の収支計画を立てるときの枠組みについても取り上げます。

1 ロジカルに話せる人と話せない人、何が違うのか

A社の社長は今日どこにいるか知ってるか?
上長
最近、よく出張みたいですよ。地方の新規事業が順調で、よく出かけてる…
ペラペラ
ペラペラ
A社
うちの社長がA社前で待っているからすぐに居場所を知りたいのだが
話が長すぎる! 質問には、はい・いいえで答えてくれ

「もっとロジカルに説明してほしい」。ビジネスの現場でよくある指摘です。では「ロジカルに説明する」とはどんなことか具体的にイメージが湧くでしょうか。それが分からなければ、いくらロジカルにしようとしてもうまくいきません。

まずは、あなたがロジカルに会話をしているのかそうではないのかを、次の質問で判断してみましょう。ポイントを分かりやすくするため、あえて極端な例にしています。

出典：PIXTA

テーブルの上にコップが置いてあります。そのコップには何か入っているようです。あなたは、コップを指さした上司から質問されます。

上司からの質問　「これは、白い液体ですか？」

これに対して、あなたは次のどちらの回答をしますか。

回答1　「はい、それは白い液体です」

回答2　「それは牛乳です」

回答2は、ロジカルな答えではありません。一方、回答1はロジカルに考えていることが体に染みついている人によるロジカルな答えです。コンサルは基本的に、回答1のようにシンプルに答えます。

回答2を選ぶ人も多くいると思います。よかれと思って、より細かく具体的な情報を含んでいる回答2を選ぶのです。確かに、テーブルの上に牛乳パックも置いてありますし、恐らくコップの中の液体は牛乳でしょう。

しかしロジカル思考は、回答1なのです。ロジカルに会話をするためには回答1が優れているといえます。それはなぜでしょうか。

クローズ質問には、はい・いいえで答える

まず今回の質問は、はい・いいえで答えられる「クローズ質問」です。それにもかかわらず回答2では、はい・いいえで答えていません。「これは何ですか」など、はい・いいえではなく自由な回答を求める「オープン質問」をされたかのように、「牛乳です」と答えています。

普段の仕事の会話でも、何か尋ねられたら、はい・いいえで答えず長々と前置きを説明し

たり、いきなり自分の考えを話し始めたりする人がいます。しかし、これは望ましい会話とはいえません。

今回の例の場合、**質問者はあくまで「白い液体か」を確かめたかっただけかもしれません。**食材で絵を描こうとして白い液体を探していただけで、それが牛乳であろうとなかろうと関係なかったかもしれません。または、色別に飲み物をきれいに配置するために色を明らかにしたかっただけで、それが牛乳だろうと乳酸菌飲料だろうと、豆乳だろうとどうでもよかったかもしれないのです。

それなのに、白い液体かどうかには答えず「牛乳です」と回答すると、質問者にしてみれば欲しい情報が得られません。その結果、イラッとさせてしまうこともあります。

それに、牛乳が白いとは限りません。コーヒー牛乳やフルーツ牛乳など白くない牛乳も存在します。多くの人は「牛乳＝白」と思っているでしょうが、それはある種の本人の先入観で、共通の理解ではないかもしれません。牛乳と聞いて、白以外の色を連想する人がいないとは限らないのです。ですから「牛乳です」と答えたからといって、質問者が知りたかった「液体の色は何か」に答えていることにはならないのです。

ロジックツリーを使い、相手の思考プロセスを想像する

先の例は無理やりな説明と感じたかもしれませんが、ロジカルに会話をするためには、質問者の問いに対して素直に回答をすることが大切なのです。「もっとロジカルに話してくれ」と言われたり、相手から会話がかみ合わないと思われてしまう人は、**「相手の思考プロセスを想像して、相手の疑問を埋めていく形で会話を進める」ことが上手にできていません。**相手が欲している回答をせずに自分の考えを話してしまうのは、その好例といえます。

質問者はたいてい、自分の思考回路や経験の範囲内で解を導き出そうとします。特に質問者が上司である場合、自分なりの仮説や考えを持ったうえで質問をしてきます。**上司の思考回路をすっ飛ばして自分の言いたいことを述べれば、話がかみ合わない部下だと思われてしまう**でしょう。同じことを会議ですれば、ほかのメンバーから煙たがられそうです。

ロジカルな考え方に慣れた質問者であれば、今回の例の場合、図1－1のようなロジックツリーをイメージしていた可能性があります。

質問者がこれに基づいてコップの中身を把握しようとしているのであれば、「コップの中身は液体か」「白色か」といったクローズ質問を繰り返しながら、順番に分岐をたどって確

図 1-1　ロジックツリーの例

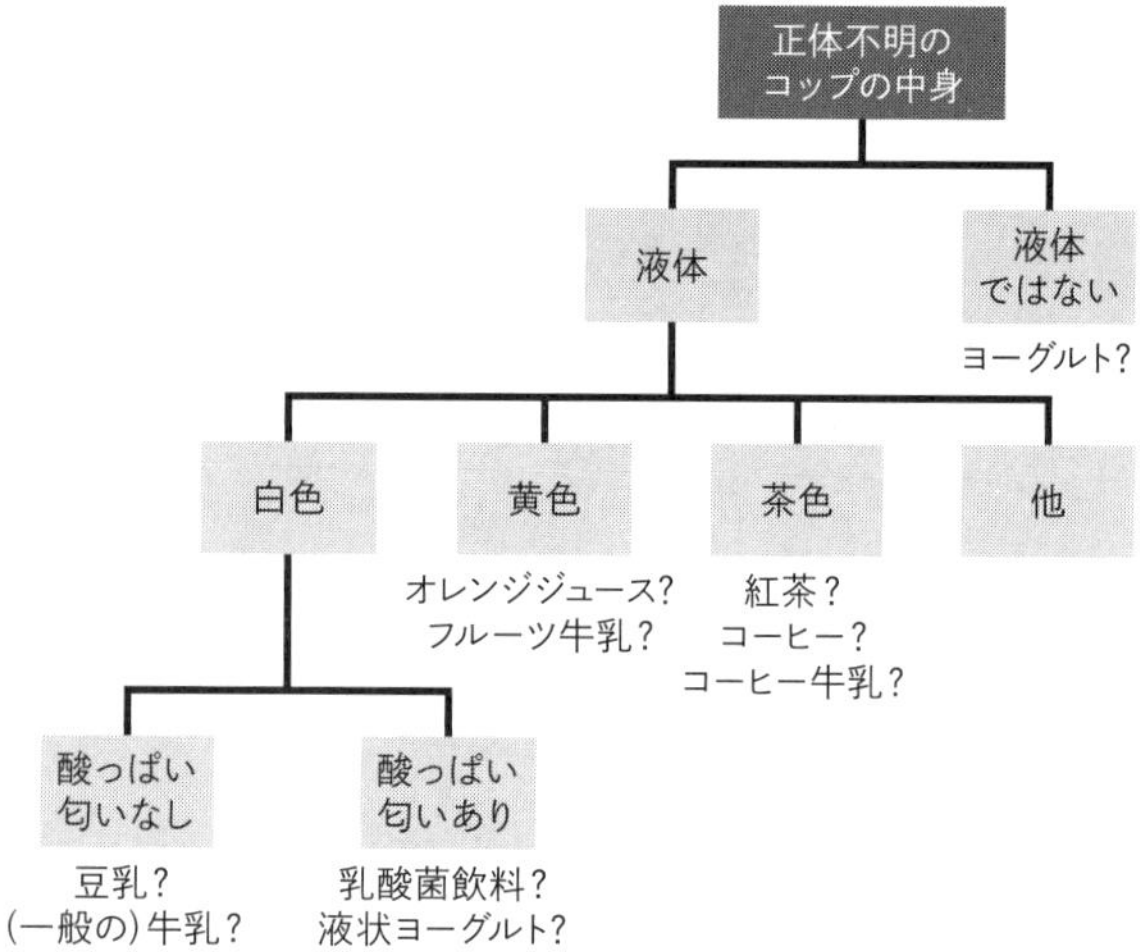

認したいはずです。コップの中身が液体でなければヨーグルトなどの可能性がありますし、白色でなければジュースやフルーツ牛乳、コーヒー牛乳などかもしれません。このような可能性をすべて排除したうえで、確実にコップの中身が牛乳であることの確証を得たかったため、このような質問をしたとも考えられます。

　コップの中身が牛乳かを知りたかったのなら、回答2のように初めから「牛乳です」と答えるほうがよいではないかと思うかもしれません。しかし回答2は、上司の思考にのっとった解明プロセスをすっ飛ばしています。上司が確認したいと思っていたり上司が重要だと考えていることについて、必要な事実確認ができていないため、上司としては確信を持って牛乳であることに賛同できません。

コップの中のものがヨーグルトである可能性や乳酸菌飲料である可能性を部下は検討したのかが分からず、本当に牛乳なのか疑念が残ってしまうのです。回答2のように「何となくテーブルの上に牛乳パックが置いてあるから牛乳だと思う」という答えでは、信頼感に欠けます。ここまで極端な例を用いて説明してきましたが、会社での会話や会議シーンでもまったく同じことがいえます。

まず**クローズ質問には、はい・いいえで答えましょう。なぜなら、質問者は、何らかのストーリーやロジックツリーを自身の中で思い描いていて、それを確認しようとして質問している可能性があるからです。**

相手の思考プロセスをすっ飛ばしていきなりあなたの考える結論だけを伝えるのは望ましくありません。ロジックツリーを思い描いて、順を追って説明していくのがよいでしょう。液体なのか・そうでないのか、それはどんな手法で調べたのかといった、結論に至る過程と判断を皆と共有して、初めて結論のコンセンサスを得ることができるようになるのです。

最後に、「ロジカルに会話をするとはどういうことか」を改めて整理しておきましょう。

自分の考えをいきなり伝えるのではなく、相手の思考プロセスを想定して必要なクローズ質問にきちんと答え、ロジックツリーをたどりながら会話を深められることといえます。

今回の宿題

明日1日の仕事の中で、クローズ質問に「はい・いいえ」で何回答えられたか数えてみましょう。

2 もう検討漏れで後戻りしない！「ロジックツリー」の活かし方

ビジネスでは、対象の「全容を把握する」ことが必要になる局面が少なくありません。市場や競合の状況を分析する、コスト構造を調べるなどが代表例です。

こうしたときに役立つものとして、この章の1でも紹介したロジックツリーが知られています。しかし現実には、ロジックツリーの誤った使い方をしてしまい、全容の把握ができていないケースが散見されます。

今回は、国内メーカーα社のIT部門に所属する宇田川さんの例を基に、コンサル流のロジックツリーの使い方を紹介しましょう。

宇田川さんが所属するIT部門は、経営陣から、全社的なコスト削減の一環でIT関連費用の削減を求められました。部内の検討の中で上がってきたのが、自社データセンター（オンプレミス環境）で管理しているデータをクラウドに移行する案です。

図 1-2　思いつきで項目を並べただけのロジックツリー

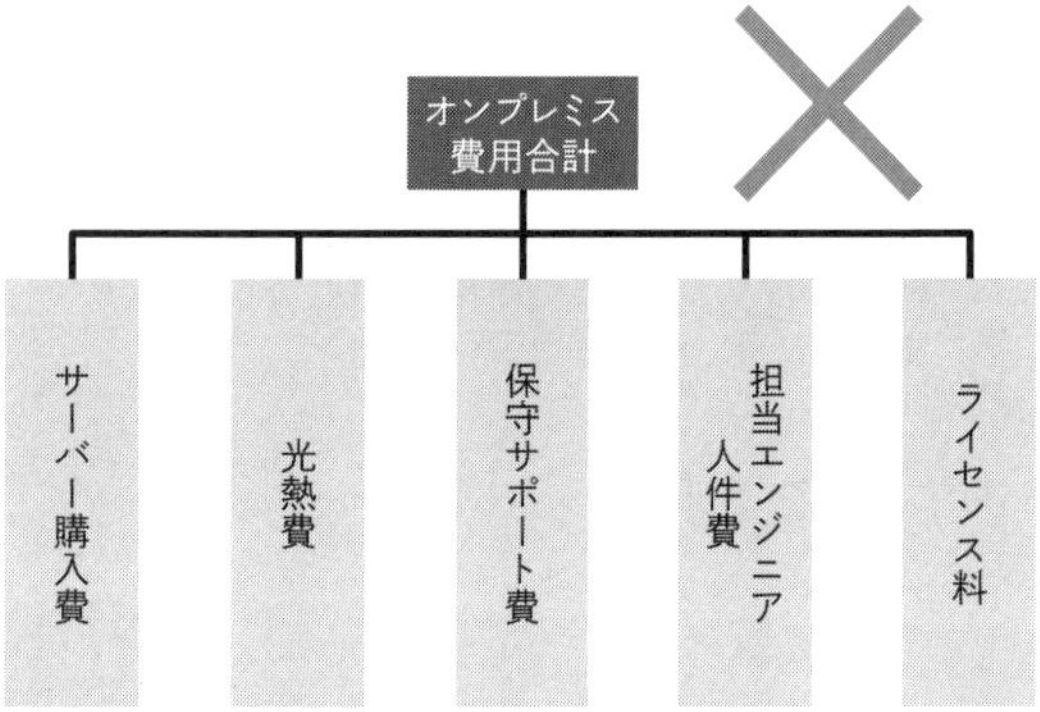

思いつきでロジックツリーを作っても全容を把握できない

そこでまず、現在発生しているオンプレミス（〝クラウド〟とは異なり、自社のハードウェア〈サーバーなど〉を自社内に設置する旧来の方式）の費用の全容を把握することになりました。「物事の全容を考えるときにはロジックツリーを使う」と研修で習っていた宇田川さん。先輩エンジニアにヒアリングをしながら、図1―2のようなロジックツリーを作って費用項目をリストアップしようとしました。

しかし残念ながら、これでは費用項目を正しく洗い出せていません。単に思いついた費用を羅列しただけで、漏れがあります。例えば「通信費」

など重要な項目が入っていません。宇田川さんが作った資料は、IT部門長に突き返されてしまいました。

単にツリー状に項目を列挙するだけでは、どんなに頑張って頭をひねっても、IT費用のような複雑な対象の全容を把握するのには限界があります。そのときにたまたま思いつくことができなかったり、先輩へのヒアリング時に聞き逃したりするなど、漏れが生じてしまう可能性があります。

ではどうすればよいのか。コンサルがよく使う手法が、まずロジックツリーで思考のフレームワークを作ることです。

まずは思考のフレームワークを作る

図1－3は、コンサルが作ったロジックツリーの例です。ツリーの上部に「ステップ1」として、「継続発生コスト」「不定期発生コスト」という項目を用意しています。これが思考のフレームワークです。これをヒントにして、ステップ2で具体的に費用項目を書き出しています。

この図は、漏れもダブりもない適切なロジックツリーです。まずステップ1については、

図 1-3　漏れやダブりがないロジックツリー

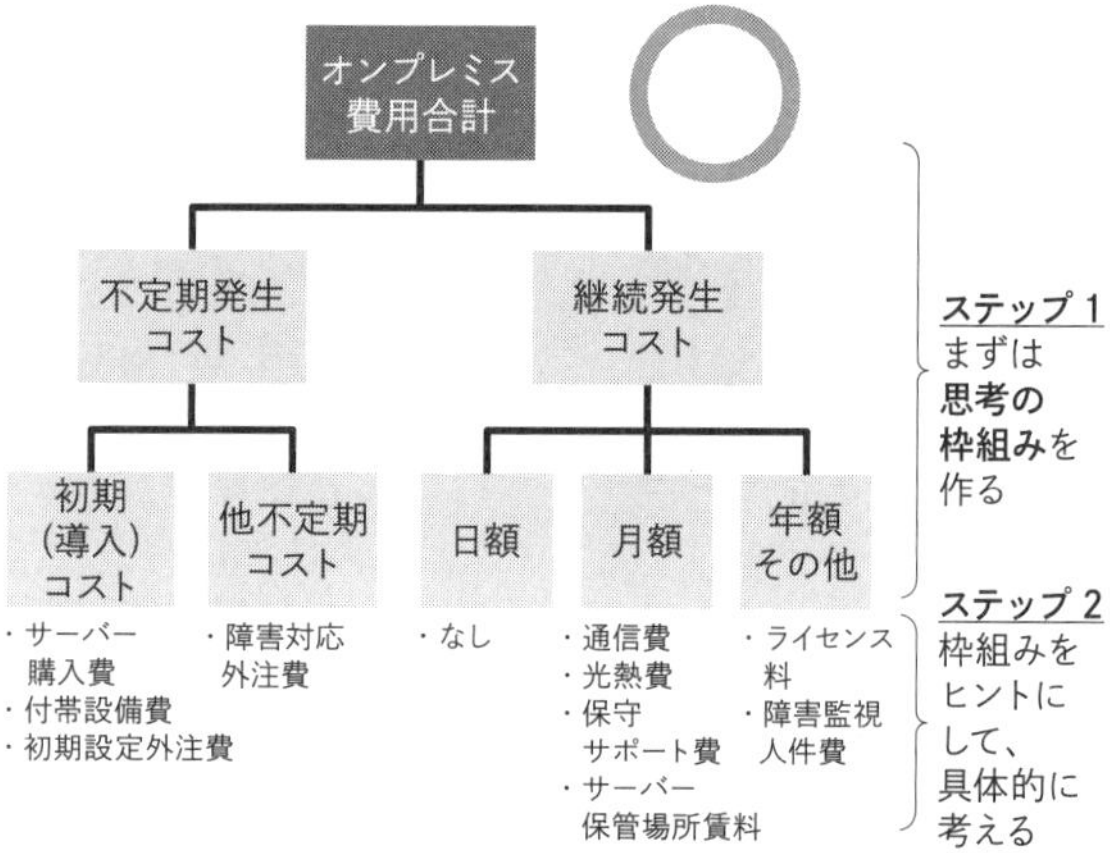

図 1-4　時系列を意識して作られた適切なロジックツリー

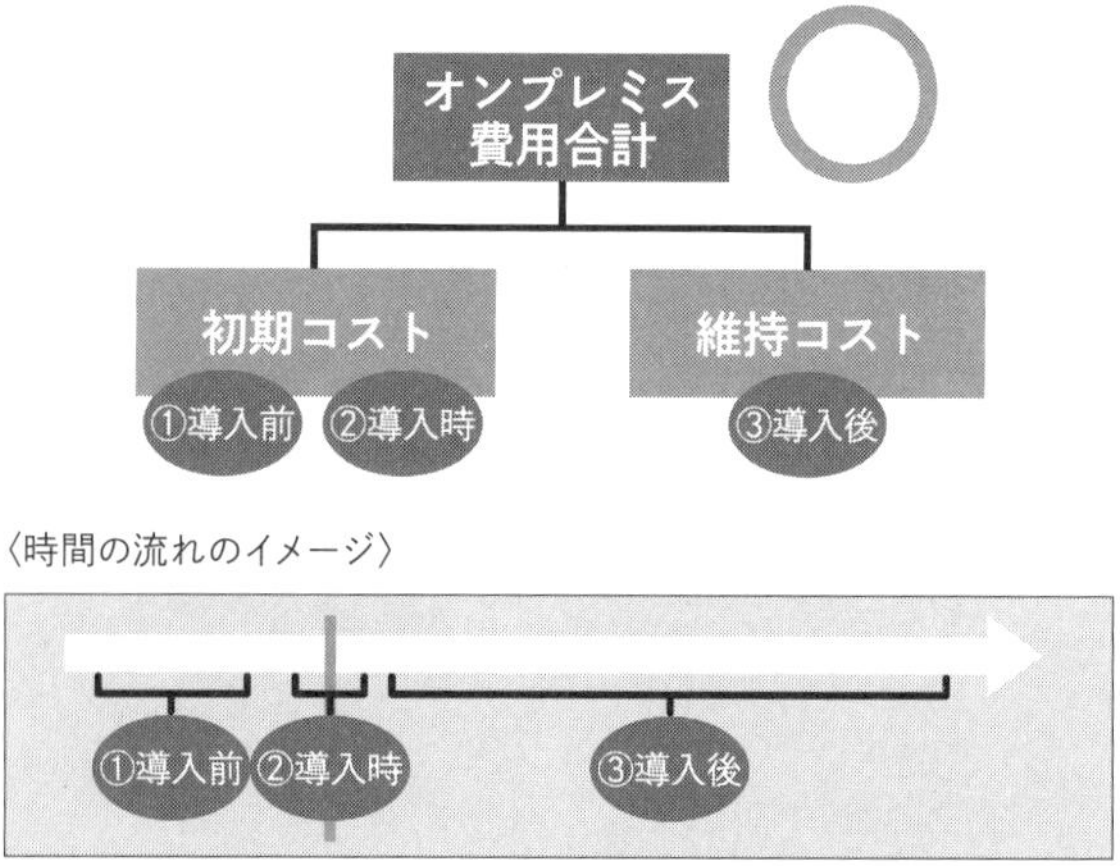

「不定期発生コスト」の反対は「継続発生コスト」であり、これら2つの分岐以外の費用は存在しえません。つまり漏れやダブりがないのです。さらに不定期発生コストを「初期（導入）コスト」と、それ以外の「他不定期コスト」に区分していますが、ここにも漏れ・ダブりはありません。

こうしたフレームワークに沿って検討していけば、細かな項目も漏れなくダブりなく洗い出しやすくなります。

適切なロジックツリーをもう1つ紹介しましょう。図1－4上図のシンプルなロジックツリーでは、継続・不定期といった発生頻度ではなく、時間の流れを意識して分岐を作っています。オンプレミス環境のサーバー導入の時間軸を単純に3つに区分しているため、漏れもダブりも存在しえない分岐であるといえます。

なお、このように正しくロジックツリーを考えられるようになれば、そのスキルは別のシーンでも生かせます。例えば競合企業を洗い出すとき、マーケティング戦略を考えるためにターゲット顧客セグメントを検討するときなどに応用できます。

図1-5　不適切なロジックツリー

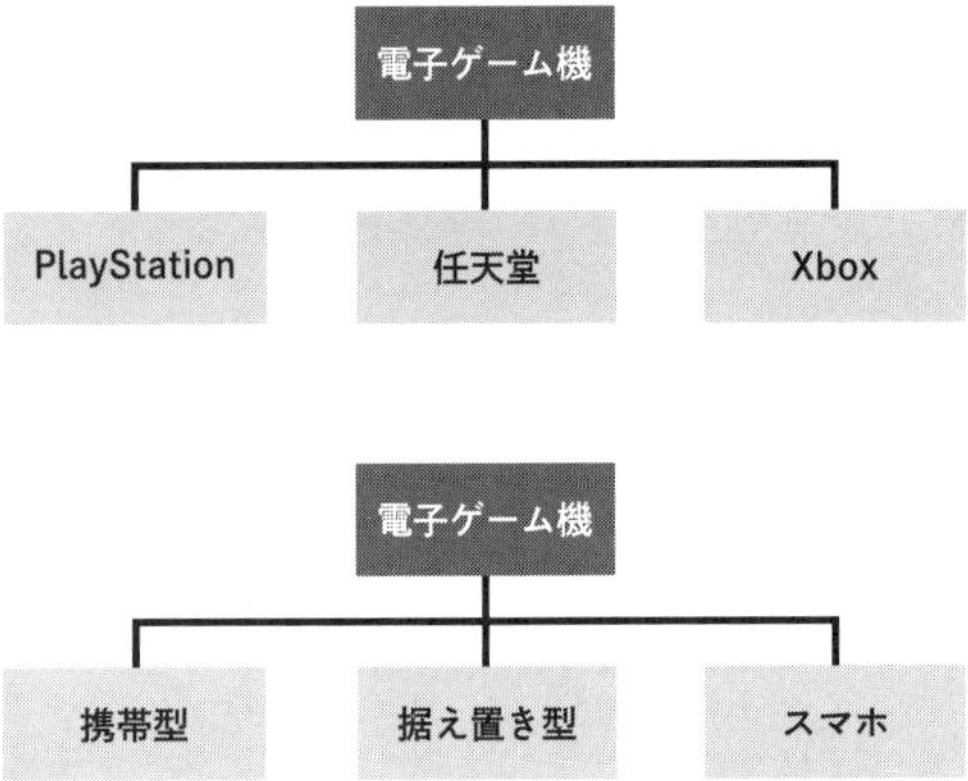

新規事業の参入分野検討にロジックツリーを使用する

それでは、正しいロジックツリーを考えるためのエクササイズをしてみましょう。

ゲームソフトを開発している小規模な会社が、新規事業を立ち上げようとしています。対象とする電子ゲーム機を決めるうえで、世の中にあるゲーム機を洗い出し、どれに注力すべきなのか検討したいと考えています。

電子ゲーム機の全容を説明するロジックツリーとして、不適切な例と適切な例を見ていきましょう。図1－5の上（不適切な例）をご覧ください。どこが誤りか、考えてみてください。

図1-6　適切なロジックツリー

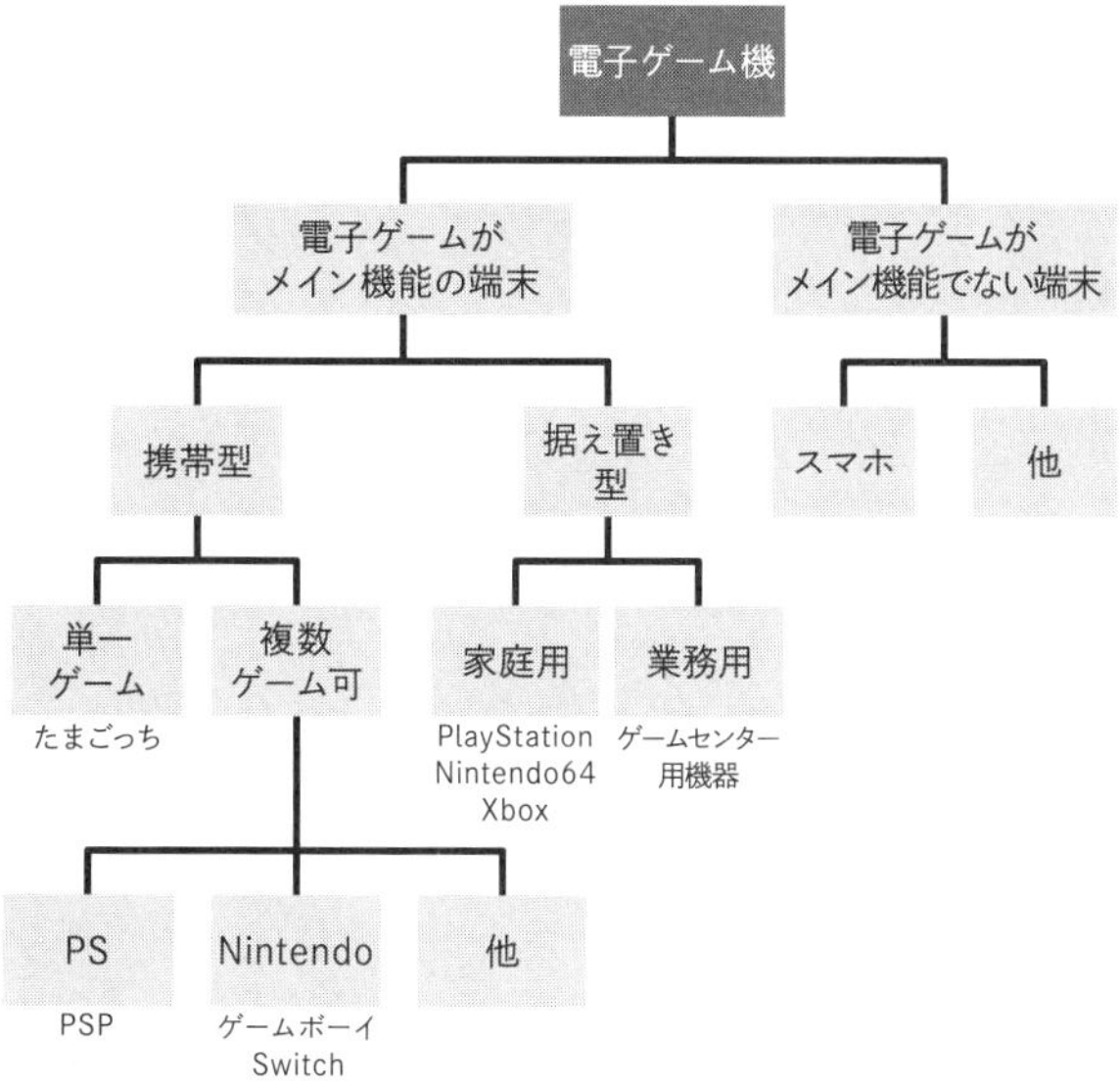

まず、これらは思いつきで記載されたように見えます。「PlayStation」「Xbox」はゲーム機器の名称（ブランド名）ですが、「任天堂」は企業名とも読み取れます。企業名と機器の名称が混在していると、ダブりが発生する可能性があります。また、3つともゲーム機器だとしても、ゲーム機器は、これら3つ以外にも存在します。リストアップの漏れもあり、これは不適切なロジックツリーといえます。

では、図1－5の下（不適切

な例）をご覧ください。一見問題がないように思えますが、適切とはいえません。「スマホ」という項目がありますが、「スマホ」は「携帯型」の機器でもあります。「携帯型」と「スマホ」では、ダブりが生じる可能性があります。

反対に、図1－6は適切なロジックツリーです。「電子ゲームがメイン機能の端末」と「電子ゲームがメイン機能でない端末」で分岐していますが、〝でない〟という言葉から、これら2つ以外の可能性を排除しています。つまり、漏れがない正しい分岐です。

「携帯型」と「据え置き型」の分岐についても、容易に持ち運べる、容易に持ち運べないという観点ではこれら2つの選択肢以外は存在しないと考えられます。「単一ゲーム」「複数ゲーム可」についても同様に正しい分岐といえます。

全体像を把握し、忘れていた視点に気づくためのロジックツリー

適切なロジックツリーが出来上がって思考のフレームワークが定まったら、図1－6のように具体的に該当するゲーム機を書き出してみましょう。

ロジックツリーを基に具体的なゲーム機の名前を書き出していくと、当初は思いつかなかった〝携帯型で単一ゲーム〟の「たまごっち」や〝据え置き型で業務用〟の「ゲームセン

ター用機器」などを洗い出せました。まず思考のフレームワークを正しく設定してから項目を洗い出すことで、頭をひねるだけでは思いつかない項目にも気づけるようになります。

PlayStationのようなメジャーなゲーム機だけを思い浮かべて新規事業の構想を練ろうとすると、小さい企業では参入が難しいと感じてしまいそうです。しかしこのようにロジックツリーを用いて全容を正しく把握することで、ニッチな分野を発見し、新たな事業展開の可能性を見いだすこともできるようになるのです。

今回の宿題

自社の商品を一つ選び、どういう顧客がいるのか、ロジックツリーを使って分類してみましょう。

3 上司を納得させる「SWOT分析」の基本と落とし穴

研修でSWOT分析がいいと教わった
Strength
強み
Weakness
弱み
Opportunity
機会
Threat
脅威
ブランドポジション
中期計画
製品紹介プレゼン
入社面接
SWOTならあらゆる場面で会社の「強み」「弱み」が分析できる
SWOTによると弊社の強みは、商品力とブランド力です！50年の歴史があり…
分析資料
S W O T
本当に「強み」？
新しい事業が育っていないだけでは？

「新事業立ち上げプロジェクトに協力してほしい」。仕事の経験を積むと、これまであなたが培った知識・経験だけでは対応できない仕事を依頼されることがあります。新しいプロジェクトを任されたときは、まず自社の既存事業を取り巻く環境がどのような状態にあり、新しいプロジェクトはどのような狙いをもって取り組まれるのかを正しく理解することが求められます。

そうしたとき、多くの人が試みるのがSWOT分析です。Strength（強み）、Weakness（弱み）、Opportunity（機会）、Threat（脅威）の4種類の観点で事業を分析するものです。

しかし現実には、不慣れな人がSWOT分析をしても説得力に欠ける分析結果を生み出すことが少なくありません。SWOT分析を頑張って行ったはずなのに上長を納得させることができず、困っている若手を見かけます。多くの場合、社員研修などで教わった4象限のフレームワークを忠実に使って分析をしていますが、それでは不十分なのです。

どうすれば説得力が高まるのでしょうか。今回は、コンサル流のSWOT分析のノウハウを説明します。

４象限の区分では説得力のある分析になりにくい

ＳＷＯＴ分析といえば、一般的には４象限の区分がよく使われます。実はこのフレームワークで分析をしても、説得力のある結果にはなりにくいのが現実です。

問題点の１つが、「観点の漏れ」です。４象限のフレームに思いつくままに強みや弱みを書き出すだけでは、必要な観点が漏れてしまいがちです。重要な観点を見落としてしまえば、分析結果は適切なものになりません。

客観性の確保も容易ではありません。例えば冷静に競合と比較すると「弱み」であるにもかかわらず、その担当者の思い込みによって「強み」として取り扱われてしまうといった可能性もあります。

総合電機メーカーのＰＣ事業を例に考えてみましょう。担当者が、現在の事業についてＳＷＯＴ分析をしたとします。まず、４象限の区分を用いた図１－７（研修で習うフレームをそのまま使う悪い例）をご覧ください。

一見、さまざまな観点で分析されていると思うかもしれません。しかし実際には、商品の

図1-7　4象限の区分を使ったSWOT分析の例

× 4象限の区分で分析

S Strength （強み）	W Weakness （弱み）
・知名度の高さ ・家電量販店全国チェーンでの幅広い販売網 ・充実した商品保証	・価格の高さ ・商品の携帯性
O Opportunity （機会）	**T Threat （脅威）**
・テレワークの拡大による買替需要増 ・テレワーク推進補助金 ・日本国内での日系ブランドへの回帰	・安価な中国・台湾メーカーの台頭 ・グローバル物流の不安定化による材料調達（コロナ影響）

これでは言葉があいまいで
本当に強みか弱みか
わからない

性能やプロモーションなど漏れている重要な観点がいくつもあります。

また強みには「充実した商品保証」と記載されていますが、そもそも「充実した」という言葉の定義があいまいです。これは担当者の思い込みにすぎず、他社と比べたり、消費者の声を集めると実際には違うかもしれません。

同様の言葉はほかにもあります。代表例が「商品力」です。「商品力が強い」と言われても、具体的にどのような点がどの程度他社より優れているのかが伝わりません。「商品力」という言葉には、デザイン性、携帯性、耐久性などさまざまな要素があるのです。

「ブランド力」も要注意です。顧客セグメント別の認知率、信頼感、高級イメージなど多くの要素があり、そのうちの何を指しているのか分かりません。

この資料を基に報告を受けた上司はどう感じるでしょうか。筆者が上司なら、内容があいまいすぎることを指摘してやり直しを指示するでしょう。

「SWOT」×「分析の軸」で、細部に目を向ける

SWOT分析をする際にまず気をつけるべきは、分析の観点がぶれたり漏れたりしないようにすることです。そのために「分析の軸」（縦軸）を設定するのがよいでしょう。図1－

図 1-8　4P を用いた SWOT 分析のフレームワーク

○ 観点を決めて分析（4Pのケース）

	S Strength（強み）	W Weakness（弱み）
Product 商品	・無償保証期間の長さ ・法人利用を意識した幅広いオプション設定	・携帯性の低さ（電池持続時間の割に、重量が重い）
Price 価格	・製品の販売寿命が長いことに起因する高い利益率（値落ちするまでの期間が他社と比較して長い）	・同スペック商品の販売価格帯が他社と比較して高い
Promotion プロモーション	・対売上高販促費比率が低い割には、高い知名度と高いリピート購入率	・一般消費者へのリーチの弱さに起因する新規顧客獲得の増加スピードの弱さ
Place 流通	・発注から納品日数まで1日（国内全域をカバーする物流センター倉庫と物流網）	・受発注システムと配送管理システムが連動しておらず工数がかかっている

軸を決めて詳細に分析する

競合B（米国本社）
・1年間
・950g（12インチの場合）
・なし
・10万～30万円
・6カ月
・ビジネスマン認知度85%
・20%
・全国チェーン店舗の8割へ配架
・法人営業員20人
・連携済み

8をご覧ください。

マーケティング戦略のフレームワークとして知られる「4P」を分析の軸として設定しています。4Pを構成する、Product（商品）、Price（価格）、Promotion（プロモーション）、Place（流通）が縦軸として並んでいます。

ここでは、説明をシンプルにするためにSWOTのうちのS（強み）とW（弱み）だけを横軸に設定しています。以降もこの2つをベースに説明しますが、O（機会）とT（脅威）も同じ考え方を当てはめることができます。

重要なのは、最初に分析の軸（縦軸）を設定することです。縦軸を初期に設定することで、図1－8の通り、重要な観点を漏らすことなく強みや弱みを洗い出せるようになります。

図 1-9　定量データを用いて競合と比較

		自社	競合A(中国本社)
Product 商品	無償保証期間	・1.5年 ➡S強み	・1年間
	携帯性(重量)	・1,200g (12インチの場合) ➡W弱み	・800g (12インチの場合)
	法人向専用オプション	・あり (組み合わせ20通り) ➡S強み	・なし
Price 価格	店頭価格	・15万〜 ・40万円 ➡W弱み	・5万〜15万円
	在庫処分までの期間	・12カ月 ➡S強み	・6カ月
Promotion プロモーション	認知度	・ビジネスマン認知度 90% ➡S強み	・ビジネスマン認知度 40%
	対売上高販促費比率	・15% ➡S強み	・35%
Place 流通	大手量販店	・全国チェーン店舗の8割へ配架 ➡S強み	・全国チェーン店舗の6割へ配架
	法人販売	・法人営業員40人 ➡S強み	・法人営業員5人
	管理システム	・未連携 (受発注,在庫,発送システムが未連携) ➡W弱み	・連携済み

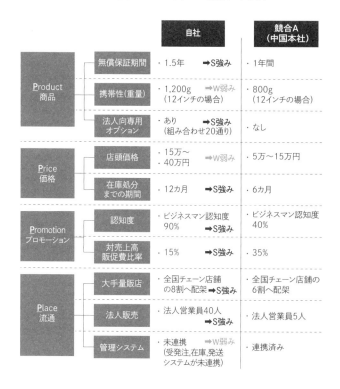

SWOTにも定量データを用いる、そうすれば競合と比較して語れる

分析の客観性についても考えてみましょう。図1－7の問題点であった「商品力が強い」「ブランド力が弱い」のようなあいまいな表現をなくすには、どうしたらよいのでしょうか。

筆者のお勧めは、**「定量データを用いる」「縦軸をさらに細分化する」「競合と比較する」の3つを意識することです。** 前ページの図1－9は、この3つを踏まえて作られた資料です。

ここでは、商品のカタログ値や価格、認知度調査の結果などの定量データを利用しています。細分化した縦軸を基に、各項目について競合と比較しています。こうすることで、主観的に区分されがちな「強み」「弱み」の判断を裏付ける説明ができるようになります。最後に「⬇強み」「⬇弱み」をそれぞれ書き出して一覧化すれば、根拠となる数値に裏づけされたSWOT分析のできあがりです。

目的に合わせて分析の軸（縦軸）を自由に設定しよう

ここまで解説してきた分析方法は、分析の軸（縦軸）の設定の仕方次第でさまざまに応用できます。

例えば工場勤務のエンジニアが、自社の商品の量産までのプロセス強化を検討する場合です。開発から量産までのプロセスを縦軸として設定します。アフターサービスの担当者が自社サービスの改善を検討するなら、アフターサービスに関わる項目を縦軸として設定すればよいのです。

このように、ＳＷＯＴ分析は企業や事業全体の強み・弱みを分析するだけのものではありません。着目したい分野に特化したＳＷＯＴ分析も可能なのです。自分が直面している課題や報告対象の興味によって分析の軸を変化させれば、目的に即した実用的なＳＷＯＴ分析ができます。

ここでは、説得力のあるＳＷＯＴ分析をするためのポイントを解説しました。広く一般に知られている4象限に分けるＳＷＯＴ分析では、客観的な説明ができずに説得力の弱い報告になりがちです。「分析の軸（縦軸）を作る」「定量データを用いる」「競合と比較する」「目的に合わせて分析の軸を変える」といった工夫をすることで、精度の高いＳＷＯＴ分析ができるようになります。これによって、自社や自部門の現状を正しく認識しましょう。

今回の宿題

自社の事業を語るのにふさわしい「分析の軸」を8つ挙げてみましょう。

4

経営企画部に喜ばれる収支計画書の書き方

BC社が倒産したらしい。
でも、今年は黒字って言ってましたよね？
「黒字倒産」って噂だ。決算は黒字だったけど、現金が枯渇したらしい。
現金の流れと決算の支出は違うから要注意って経営企画部も言ってたな
この前の収支計画書を、現金支出と費用を分けて作り直さないと
気をつけないと会社に悪影響出しちゃうな

新製品・サービスを立ち上げる際は、多くの場合収支計画書など収支面の計画を作成することが求められます。開発着手から発売後まで数年分の収支の見通しをまとめることも一般的です。

収支計画書作成に不慣れな人が忘れがちなのが「費用と現金支出（キャッシュアウト）を分けて考える」ことです。これができていないために収支計画書の承認が通らず、新しいプロジェクトが始められないケースがあります。

具体例で考えてみましょう。主人公は、某メーカーα社で新サービス開発プロジェクトのリーダーを任された石原さんです。部門長から収支計画書の作成を指示されました。収支計画書の作成は初めてですが、以前先輩が作成していたＥｘｃｅｌテンプレートを用いて、「売上高」「費用」の予測値を月次で入力しました。

開発に必要な複数の機器は開発開始直後の４月にまとめて購入するので、４月の「費用」欄に購入費用１億円分を記入。その後は機器に関する費用はゼロにして提出しました。しかし、経営企画部から作り直しを求められてしまいます。何が問題だったのでしょうか。

キャッシュアウトと費用は異なる

経営企画部からのコメントは、「キャッシュアウトとは何かをもっと意識して説明してほしい」というものでした。これは経営企画部や経理部からよく伝えられる言葉です。

キャッシュアウトとは現金の支出のことです。キャッシュアウトが大きくなって手元の現金が乏しくなり、必要最低限な運転資金（仕入れた商品の支払いに充てる現金など）が枯渇すると、会社は事業活動を継続できなくなります。黒字倒産という言葉があるように、利益が出ていても危機に陥る可能性があるのです。このため、現金の出入り（キャッシュイン・キャッシュアウト）を費用とは分けて考えてきちんと管理することは極めて重要です。

だからといって現金を必要以上にため込んでおくことは、決して効率的な経営資源の使い方とはいえません。経営効率を高めるため、現金を必要以上に保持していない会社も存在します。こうしたことから、経営企画部や経理部は会社が保有する現金の量については常に目を配っています。

これを踏まえて石原さんの収支計画書を考えましょう。石原さんの収支計画書には問題は大きく2つありました。1つは、費用とキャッシュアウトの概念をごちゃまぜにしていた点

図 1-10 「費用」と「キャッシュアウト」の違い

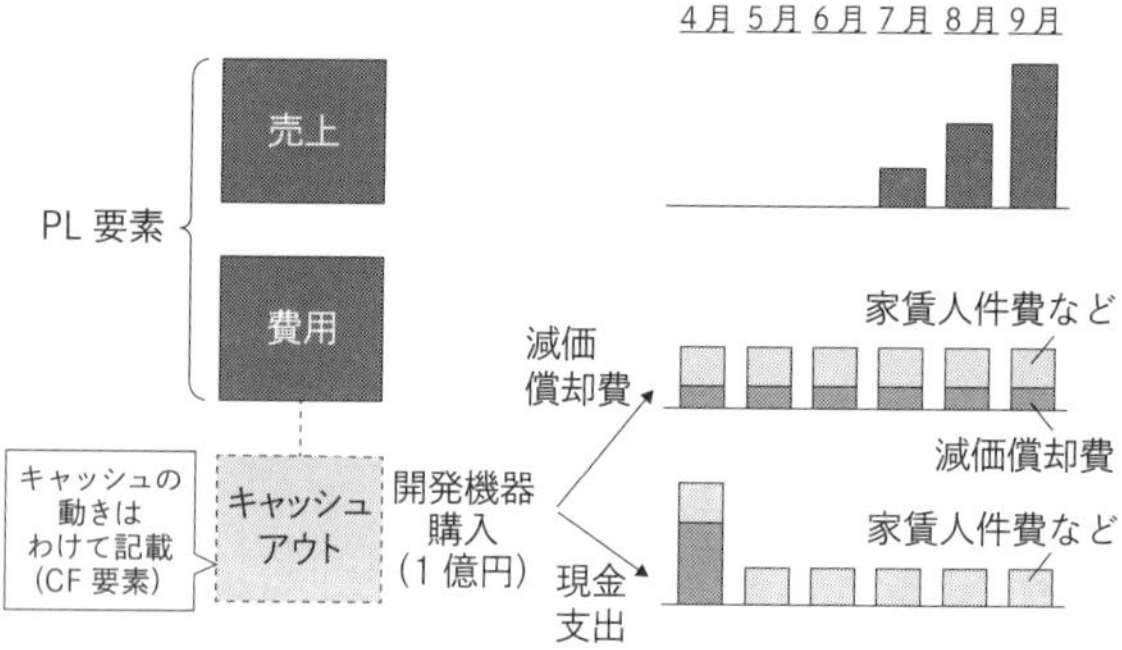

です。

石原さんが4月の「費用」欄に記入した1億円は、会計上は費用ではなくキャッシュアウトに当たります。収支計画書の収支面で利益を表現するために記載すべきは、キャッシュアウトではなくて売上と費用です。機器の購入費用は、減価償却費として費用計上するタイミングを分けて記入すべきでした。

経営企画部や経理部に対してはキャッシュアウトを明確に分けて示しておくことが重要です。現金が支出されるタイミング、すなわち実際に機器を購入するのは4月です。**費用とは別にキャッシュアウトを記載する行をExcelシートに追加し、現金支出がいつ発生するのかが分かるようにしておくべき**でした（図1－10）。

会社全体のキャッシュ残高を意識

もう1つの問題は、石原さんが機器を4月に一括購入しようとしていたことです。α社の経営企画部は、そもそもキャッシュアウトの発生時期を分散化してほしいと考えていました。

このあたりの事情は企業によって異なりますので一概にはいえませんが、α社の場合は現金の保有を最小限にとどめていました。このため経営企画部は、キャッシュアウト発生時期を分散化してほしいと考えていました。特に4月は本業の商品仕入れで大きなキャッシュアウトの発生が見込まれるため、時期をずらしてほしかったのです。会社全体のキャッシュ残高が影響していました。

石原さんは機器を4月に一括購入する計画を立てていましたが、すべての機器が開発初期から必要なわけではありません。購入時期を分散してキャッシュアウトの時期が分散する計画を立てていれば、経営企画部のチェックもスムーズに通っていたでしょう。

財務会計の知識が十分でない人にとって、収支計画書の作成はハードルが高いと感じるかもしれません。まずは、費用とキャッシュアウトを分けて考えることを意識してみましょう。こうすることで、経営企画部や経理部からも喜ばれる計画を作れるようになるでしょう。

今回の宿題

自分が所属するチームの費用計画において、キャッシュはどのように支出されるかを考えてみましょう。

第2章

ゼロから作らない。プレゼンは"構成"がすべて

[プレゼン編]

プレゼンを控えて「さあ資料を作ろう！」と張り切るのは、説明力の低い人がしてしまいがちな失敗です。脱力系説明スキルを備えた人は、プレゼンを控えても余裕があります。「いつも使っているあの流れで乗り切ろう」と考えているからです。

こうした人は、どんな内容にも対応できるプレゼンの構成を用意しています。成功させるためにプレゼンに盛り込むべき仕掛けも知っているので、重要なプレゼンを任されても慌てません。

第2章では、力を抜いてゼロから頑張らずにプレゼンを成功させる方法を解説します。まず、聞く人の興味を引くために効果的な「5つの仕掛け」を押さえたうえで、それを踏まえた「鉄板の構成」を解説します。最後に、途中で聞き手に反論されず最後までスムーズにプレゼンするためのコンサル流のノウハウを紹介します。

1

プレゼンを成功させる5つの仕掛け

君が開発した
新商品を営業部へ
説明しておいて。
研究開発
部長
はい!
営業担当に
アピールする
チャンスだ
開発担当
相川さん
商品の
重量は…
サイズは…
規格は…
相川さん
顧客への
訴求方法が
知りたい
目標達成
したい
営業部
営業部
相川さんは
カタログスペック
ばかり説明するけど、
必要な情報は
それじゃない
営業に役立つ
情報をくれないと…

ビジネスパーソンなら、自分が担当している商品やサービスを誰かにプレゼンする機会に直面するでしょう。しかし、「どう話すのが効果的なのかよく分からない」「一生懸命プレゼンしても聞き手に伝わらない」といった悩みを抱えている人は多くいます。

α社の研究開発部に所属する相川さんも、そんな1人です。上長である研究開発部の渡辺部長から「開発中の新製品について営業部へ説明しておいてくれ」と言われました。

どうやら営業部から部長に対して「現在開発が進んでいる製品にどんなものがあるか理解しておきたいから、説明してほしい」と依頼があったようです。説明の相手は、営業部の部長と営業担当数名。説明の場となるミーティングは1週間後と、時間がありません。

張り切ってプレゼンしたが、聞き手はつまらなさそう

部長クラスも参加する複数名のミーティング。営業部に自身の製品を売り込むチャンスでもあると考えた相川さんは、きちんとしたプレゼンを披露しようと決意しました。

とはいえ準備期間は限られています。既存の資料も利用しながら、忙しい業務の合間を縫って以下の3つの項目で構成されるプレゼン資料を作り上げました。

i．現在開発中の製品の概要
ii．スペック詳細
iii．製品発売日目標

そして迎えたミーティング当日。相川さんは営業部のメンバーを相手に、1時間かけて熱のこもったプレゼンをしました。開発中の技術がどれだけ素晴らしく、高度なものかを詳しく伝えました。

しかし、聞き手の反応は芳しくありませんでした。営業部の4人全員が、最後までつまらなそうな顔をしていたのです。質問も出ず、盛り上がらないままミーティングは終わりました。

出席者の興味や関心を把握せずにプレゼンしても失敗する

プレゼンが不調に終わったのはなぜだか分かりますか？　**最大の失敗原因は、プレゼンを**

した相川さんが、出席者の興味関心を事前に把握していなかったことです。

新技術の詳細な説明は、同じ研究開発部のメンバーに対してなら良いプレゼンだったかもしれません。しかし今回のプレゼンの相手は、営業部のメンバーです。営業部の人にとっては詳細な技術の説明をされても、学びや気づきが得られにくく、つまらない内容になってしまいます。

営業部員が知りたいのは、「顧客にとって魅力的な製品か」「自分たちはいつからこの製品を販売できるか」なのです。相川さんのプレゼンには、それが含まれていませんでした。

プレゼン内容を考える際に意識すべき5つの仕掛け

こうした失敗を防ぐには、プレゼンの内容構成を考える際、5つの仕掛けを意識することが大切です。筆者も顧客や関係者向けにプレゼンをする際は、この5つを意識しています。

プレゼンを成功させる5つの仕掛け

①出席者の興味やニーズを事前に知る仕掛け

②ミーティングの目線（目的やゴール）を共有する仕掛け
③出席者の〝世界観〟に寄り添う仕掛け
④出席者に「心の準備」をさせる仕掛け
⑤ミーティング終了後も興味を持たせ続ける仕掛け

それでは、①から⑤まで詳しく説明します。

①出席者の興味やニーズを事前に知る仕掛け

まず、出席者の興味やニーズを事前に把握することが重要です。ミーティングに参加する人のほとんどは、「こんな情報を得たい」「この疑問を解消したい」など何らかの問題意識や興味を持っています。プレゼンする人はそれを意識したうえで、内容構成を考えなくてはなりません。

相川さんは、営業部から依頼されてプレゼンをすることになりました。すなわち営業部は何らかの問題意識・興味を持っており、何らかの情報を相川さんから得たいと考えて依頼してきたはずです。

相川さんは、**「なぜ今回、説明を依頼されたのか」「何に困っていて、何を知りたいか」「どんな話をすると相手にとって学びとなるのか」「普段相手はどのようなことを考えているのか」ということを事前に確認したうえで、プレゼンの内容を考えるべきでした。**「売上目標を達成したい」「自社製品の強みを顧客にアピールしたい」「次期販売商品の内容を早く理解して、顧客に提案したい」「早めに販促計画を練りたい」「6月はボーナス商戦で忙しいから避けてほしい」などと依頼者である営業部が考えている可能性があります。

プレゼンによっては、事前に相手に確認できない場合もあります。その場合は、**相手の職務上のミッションや役割を推測すればニーズが見えてきます。**今回のケースでは、「営業部長はこの時期、来期の人員配置を考えている。最適な人員配置をするために新製品の発売時期や内容を知りたいはずだ」といった推測ができます。

②ミーティングの目線（目的やゴール）を共有する仕掛け

プレゼンする人が①のような努力をしたとしても、実際には出席者全員が同じ興味や目的を持ってミーティングに参加しているとは限りません。そこでミーティングの冒頭で、「何を目指して本日のプレゼンを行うのか」「参加者は何を目的に本日のプレゼンを聞くのか」について、プレゼンする人と出席者の間で認識をそろえる必要があります。

相川さんのケースでも、目的やゴールはさまざまに考えられます。「製品スペックの詳細理解」なのか、「営業部がプロモーション準備をするための製品特徴の把握」なのか、「今後のスケジュールと販売日の確認」なのか……。**最初に出席者のニーズやゴールを確認し、プレゼンを進めるべき**でした。

なお、冒頭ですり合わせをしても、「プレゼンする人と参加者の目的が異なっていたら手遅れではないか」と思うかもしれませんが、決して手遅れではありません。

プレゼンの冒頭で「今日はこのような目的・ゴールのためにプレゼンします」と発言すれば、出席者から「こんなことも知りたい」という発言が出てくるはずです。もし、発言がなければ、発表者の考えと出席者の希望に大きなズレはないということです。それらの発言を踏まえて、プレゼンの途中で口頭で説明を加えればよいのです。これで、出席者の期待に応えられるでしょう。

③出席者の“世界観”に寄り添う

これから説明を受ける商品の
位置付けは?重点商品?
いつ販売?国内向け?海外向け?
営業部
この商品は
商品開発ロードマップ上でも、
重点商品と位置付けています。
国内市場向けで
202X年夏に発売予定です。

③出席者の〝世界観〟に寄り添う仕掛け

プレゼンの際には、常に出席者の目線に立って道案内をする必要があります。そのため自分が話そうとしている内容は、出席者がイメージする範囲のうち、どの部分に当たるのかを示すことが大切です。そうしないと、出席者は迷子になってしまい、話したいことが伝わりません。

例えば「働き方改革」がテーマのプレゼンを1時間実施するとしましょう。働き方改革と一言で言っても、そこには幅広い話題が含まれます。「人事労務管理の効率化のために勤怠システムを導入するという話」なのか、「残業を減らすという観点で効率的に会議をするための会議ファシリテーション術」なのかなど、さまざまなテーマが考えられます。

1時間のプレゼンで働き方改革のすべてを語ることは不可能ですので、テーマを絞るはずです。そこで、「働き方改革」という言葉に対して**聞き手が持っている世界観のうち、今日のプレゼンで話す内容がどの部分に当たるのかを最初に伝え、目線感をあわせることが重要**です。

相川さんのケースでは、研究開発部門が開発中の多数の製品のうち、相川さんの担当製品はどのような位置付けなのかを、プレゼンの冒頭で示す必要がありました。営業部員の視点からすると、相川さんは研究開発部の一員であり、プレゼン対象の製品も多数のうちの1つにすぎません。戦略的な重点製品なのか、それともあまり重要ではない製品なのか、プレゼンの冒頭で相川さんから教えてもらわなければ分からないのです。

相川さんは、対象の製品が開発ロードマップ上どこに位置し、どのような目的・役割を持っているかを説明する必要がありました。もし、その製品が会社全体の製品の中でも重要であることがプレゼンの冒頭で出席者に伝われば、出席者は身を乗り出して聞いていたことでしょう。

④出席者に「心の準備」をさせる仕掛け

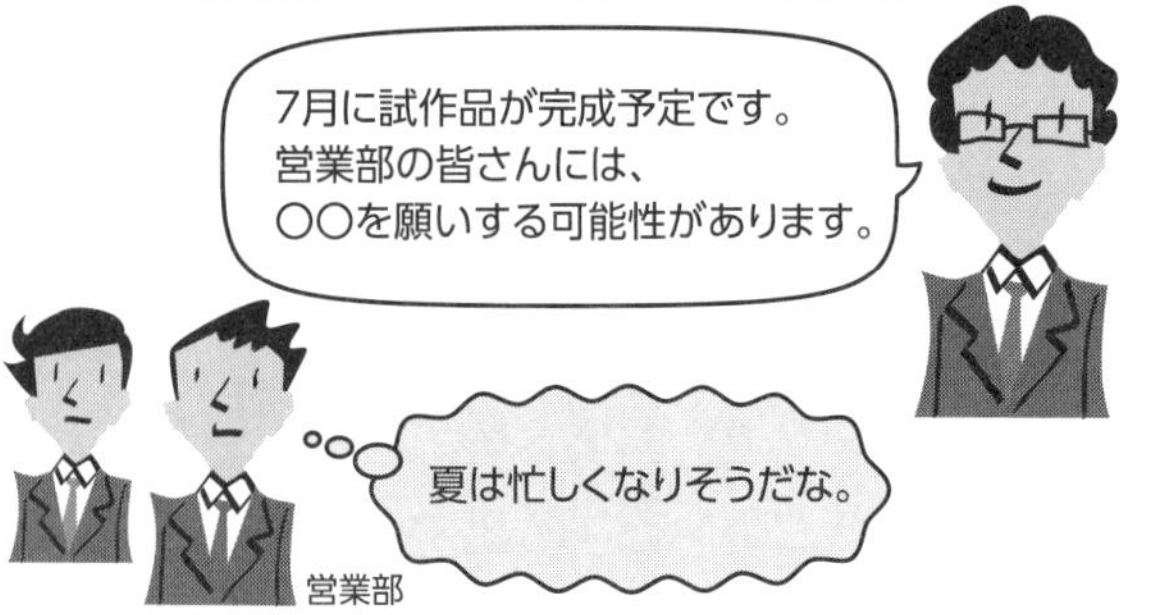
7月に試作品が完成予定です。
営業部の皆さんには、
○○を願いする可能性があります。
夏は忙しくなりそうだな。
営業部

④出席者に「心の準備」をさせる仕掛け

相川さんたちが開発中の商品は、将来的には出席者である営業部員によって販売されるものです。出席者にとっては、開発中の製品情報は自分の営業成績にも影響するので、本来であれば興味がある情報です。それなのに出席者がつまらなそうにしていたのは、相川さんのプレゼンを、出席者が、自分の将来の営業成績には結びつかない単なる「状況報告」だと捉えていたからでしょう。

相川さんは、単に開発中の製品の「状況報告」としてプレゼンを構成してしまいました。**もし、「営業部の利益に直結する大切な情報を教えるためのプレゼンをしている」ことが出席者に伝わる話し方をしていれば、出席者は自分ごととして興味を持って聞いてくれたことでしょう。**相川さんは、「営業部に将来お願いする販売営業の、〝事前予告の場〟である」という意識を持ってプレゼンを構成するべきだったのです。

〝事前予告〟は、今回のプレゼンだけではなく、継続的に良好な関係を築く意味でも重要です。前もって情報提供しておくことは、営業部員に心の準備をしてもらうための仕掛けと言えます。製品発売が近づいてから「そんなことは知らされていない」「聞いていないから準備できなかった」と言われ、十分な協力が得られないという事態を避けられます。

⑤ミーティング終了後も興味を持たせ続ける仕掛け

将来にわたって出席者に興味を持ってもらうために、**「出席者が興味を持っていることに私は今取り組んでいる」「将来、声を掛けてくれればもっと有益な情報を出せる」といった内容をプレゼンに埋め込む工夫をすることも**重要です。

相川さんのケースでは、今後追加機能を実装予定であることを示唆すれば、営業部員はその製品に、数カ月先まで興味を持ち続けてくれるかもしれません。興味を持ちつづけてもらうために研究開発部が今後モニタリングテストを実施予定だという情報を伝えておくのもよいでしょう。営業部員としてはモニタリングテストの結果を営業活動に生かしたいと考えて、相川さんの商品を気に留めていてくれる可能性が高まるからです。

⑤ミーティング終了後にも興味を持たせる仕掛け

今後、顧客ニーズの高い○○機能を
実装予定です。性能向上を説明するために
△△のデータも収集します。
お客さまへの製品説明時に
有効そうな内容だ。
準備ができたころに
相川さんに声をかけてみよう。
営業部

こうした工夫をすることで出席者の記憶に残り、「この製品を売りたい、そのためにこの人に今後も声を掛けよう」と思わせるプレゼンになります。

2 ダメなプレゼンを回避できる「鉄板の構成」

この章の1では、プレゼンを成功させる5つの仕掛けを説明しました。ここでは、この5つの仕掛けを踏まえたプレゼンの「鉄板の構成」を紹介します。プレゼン構成で困ったときにそのまままねして使えますので、ぜひ覚えておいてください（図2－1）。

さらにここでは、鉄板の構成を実際にどう応用するか、相川さんの事例に当てはめて見ていきましょう。研究開発部門の相川さんが、開発中の製品を営業部員にプレゼンする際に望ましいのは、図2－2のような構成です。

まずプレゼンの冒頭で、プレゼンの目的と背景を提示します（Ⅰ）。プレゼンする人（プレゼンター）や出席者は現在どんな状況に置かれているのか、現状に対してどのような課題を持っているのか、その解消のためにプレゼンターはこの場で何をしたいのかを伝えます。これを通じて「今日のプレゼンで何に注目してほしいか」「出席者には何を得てほしいか」を伝えるのです。

図 2-1　基本の「鉄板の構成」

覚えよう!

Ⅰ. プレゼンの目的、背景
Ⅱ. 全体の中での、今回のプレゼンテーマ（プレゼン対象）の位置付け
Ⅲ. 今回のプレゼンテーマ（プレゼン対象）によって実現できること
Ⅳ. 具体的な説明内容
Ⅴ. 今後のスケジュール
Ⅵ. 今後の取り組み予定
Ⅶ. 聞き手への依頼や相談事項

相川さんの例では、「現在開発中の製品Aはもうすぐ開発が完了する見込みです。営業部に事前に準備いただきたいことをお伝えするために、今日のプレゼンを実施します」と伝えます。もし出席者の期待とプレゼンターの考えがずれていた場合は、この時点で出席者がけげんな顔をしたり、異論を出したりするはずです。その場合は、プレゼンターは軌道修正します。

Ⅱではプレゼン出席者が持っている世界観の全体像の中で、本日説明する内容がどこに位置付けられるのかを説明します。相川さんの例では、営業部が認知している研究開発部の多数の製品の中で、製品Aがどのような位置付けの製品かを伝えます。例えば「本日説明する製品Aはわが会社としても重点戦略商品です」と伝え、出席者の関心

図 2-2　鉄板の構成を使ったプレゼンの構成例

応用例　**相川さんのケース**

Ⅰ. 本日のご説明の目的・背景
Ⅱ. 研究開発ロードマップにおける製品Aの位置付け
Ⅲ. 製品Aの狙い
Ⅳ. 製品Aの基本スペックのご紹介
Ⅴ. 今後の開発スケジュール
Ⅵ. 今後の取り組み予定
Ⅶ. 営業部にご協力いただきたいこと

を引くことを狙います。

Ⅲでは、今回プレゼンするテーマや対象物を通じて、プレゼンターは何を実現しようとしているかを話します。相川さんの例では、自身が開発中の製品Aを販売することで自社にどんな利益があるのか、消費者にはどんなメリットや変化をもたらそうとしているのかを説明します。

そしてⅣで、具体的な中身に触れます。相川さんの例では、製品Aがどのような機能を持っているのか、これまでの既存製品と何が違うのかを、出席者の知識レベルや興味に合わせて話します。

Ⅴ・Ⅵ・Ⅶは、今後についてのプレゼンです。出席者に関係する今後の予定や依頼事項を提示します。これによって、プレゼン対象（相川さんの例では製品A）への興味や関心を持ち続けてもらいやすくなります。

顧客への提案時にも「鉄板の構成」を応用する

この「鉄板の構成」は、このほかにもさまざまな場面で活用できます。

例えば、ある製品を顧客に提案するシーン。自社のソフトウエア製品をＳＥが顧客に提案する、といったケースです。

顧客に時間を割いてもらったにもかかわらず、つまらない思いをさせるのは避けなくてはなりません。また、仮にその提案が通らなくても、顧客にはプレゼンをきっかけに将来にわたって自社製品に興味を持ってもらいたいものです。

相川さんのプレゼン内容も少しアレンジすれば、図２－３の通り顧客への提案時にも活用することが可能です。製品の開発に携わった人はどうしても製品スペックを長々と話してしまいがちですが、この構成にのっとることで「その製品の位置付けや、顧客にとってのメリット」をきちんと伝えることができるようになります。

プレゼンの場面では、プレゼンター自身が説明したいと考えている内容を、そのままプレゼンの内容にしてはいけません。常に、出席者が何を知りたいかを意識して、その期待に応

図 2-3　顧客先に製品を提案する際にもフレームワークを活用できる

Ⅰ. 本日のご提案の目的・背景
Ⅱ. 弊社製品の全体像と今回ご提案する製品の特徴
Ⅲ. 今回の製品で実現できること
（貴社における弊社製品導入の効果）
Ⅳ. 製品基本スペックのご紹介
Ⅴ. 弊社製品を導入いただく場合のスケジュール
Ⅵ. 将来追加予定のオプション機能
Ⅶ. 商品価格のご相談

えられる内容を考える必要があります。

プレゼンする相手の関心事はさまざまです。今回の例の場合、経営者や営業部員、顧客などは、技術者である相川さんとは異なる興味関心を持っています。こうした人たちは、既に自分が理解している内容を基に、自分の視点でプレゼンを聞こうとします。

ですから**プレゼンターは、「自分が何を話したいか」ではなく「出席者は何を知りたいのか」をまず意識することが重要です。同時に、プレゼン出席者は何をどこまで知っているのか、どのようなものの見方をしているか、出席者にとって新しい情報とは何なのかを考える**必要があります。それを意識しながら、ここで紹介したフレームワークを活用してみてください。

今回の宿題

誰かのプレゼンを聞く機会があったら、その人は「プレゼンを成功させる5つの仕掛け」ができているかを客観的にチェックしてみましょう。

3 「結論」はいつ述べる？反論されにくいプレゼンの秘訣

「ビジネスでは結論を最初に話すべし」とよくいわれますが、結論から説明することが常に効果的とは限りません。プレゼンが上手な人は、結論を最初に話すか最後に話すか、シーンによって使い分けています。

コンサルが経営陣に対してプレゼンするシーンでは、結論は最後に話します。一方でコンサルが、日々の業務の報連相（報告・連絡・相談）では、結論を最初に話す場合がほとんどです。

結論をいつ話すか、どのように決めればよいのでしょうか。結論を最後に話すときと最初に話すときのメリット・デメリットを説明したうえで、どちらを採用すべきか簡単に判断する方法を紹介します。

結論を最後に話すと、説明の途中で反論されにくい

まず、「結論を最後に話す場合（A）」について考えてみましょう（図2－4）。結論を最後に話すときは、説明の冒頭で、話のテーマに関する「背景や課題」を説明します。次に「課題の考察」で要因を掘り下げ、複数の解決方法の中で「ベストな解決策」を説明していきます。

この流れであれば、「現在どのような背景によってどんな問題点が生じているか」を示し、その次に「問題の根本的な原因を解決するために何をすべきか複数の方法を考えたうえで、この結論に至った」と相手に伝えることができます。

このAの流れで話せば、聞き手との間に同じ背景認識・共通理解を醸成してから、結論を説明できます。結論に至る過程を聞き手は順を追って理解できるので、聞き手からの反論は受けにくくなります。聞き手にとっては最後まで結論がどうなるか見えないため、反論のしようがなく、途中で聞き手から反論を受けずに説明を完了させやすいのが（A）なのです。

ただしこのように結論を冒頭で示さず順を追ってじっくり話を進めると、冗長な印象を与えてしまうことがあります。忙しくて時間がない、結論に至るまでの詳細は気にしないと

いった人が聞き手だと、イラつかせることになるというデメリットがあります（図2－5）。

結論を最初に話すと説明の途中で反論されるリスクが

「結論を最初に話す場合（B）」はどうでしょうか。冒頭で自分の考えや意見を結論として表明したうえで、その結論に至った過程を説明する流れになります。**最も重要なことを最初に短時間で相手に伝えられるのが大きなメリット**です。

一方で、説明し終える前に、聞き手からの反論を受けるリスクが高まります。聞き手が結論に疑問を抱いたり納得がいかなかったりした場合に最後まで説明を聞かずに、説明の冒頭で反論され、予定通りプレゼンを進められなくなります。結果として、その結論に至った過程をきちんと説明する機会を失ってしまうのです。

結論とはプレゼンターの「意見」であり、プレゼンターの「考え」といえます。**意見や考えは人それぞれ異なります。このため冒頭で結論を話すと、異なる意見や考えを持っている人から「なぜそう考えたのか」「あの点は検討したのか」と指摘されやすくなります。**結論を最初に話すとこうした問題が生じるのです。一方で結論を最後に話す場合は、背景や課題から説明することになりますが、これらは客観的事実であることが多いため、聞き手との認

図2-4　結論を最後に話す場合、
最初に話す場合の説明の流れ

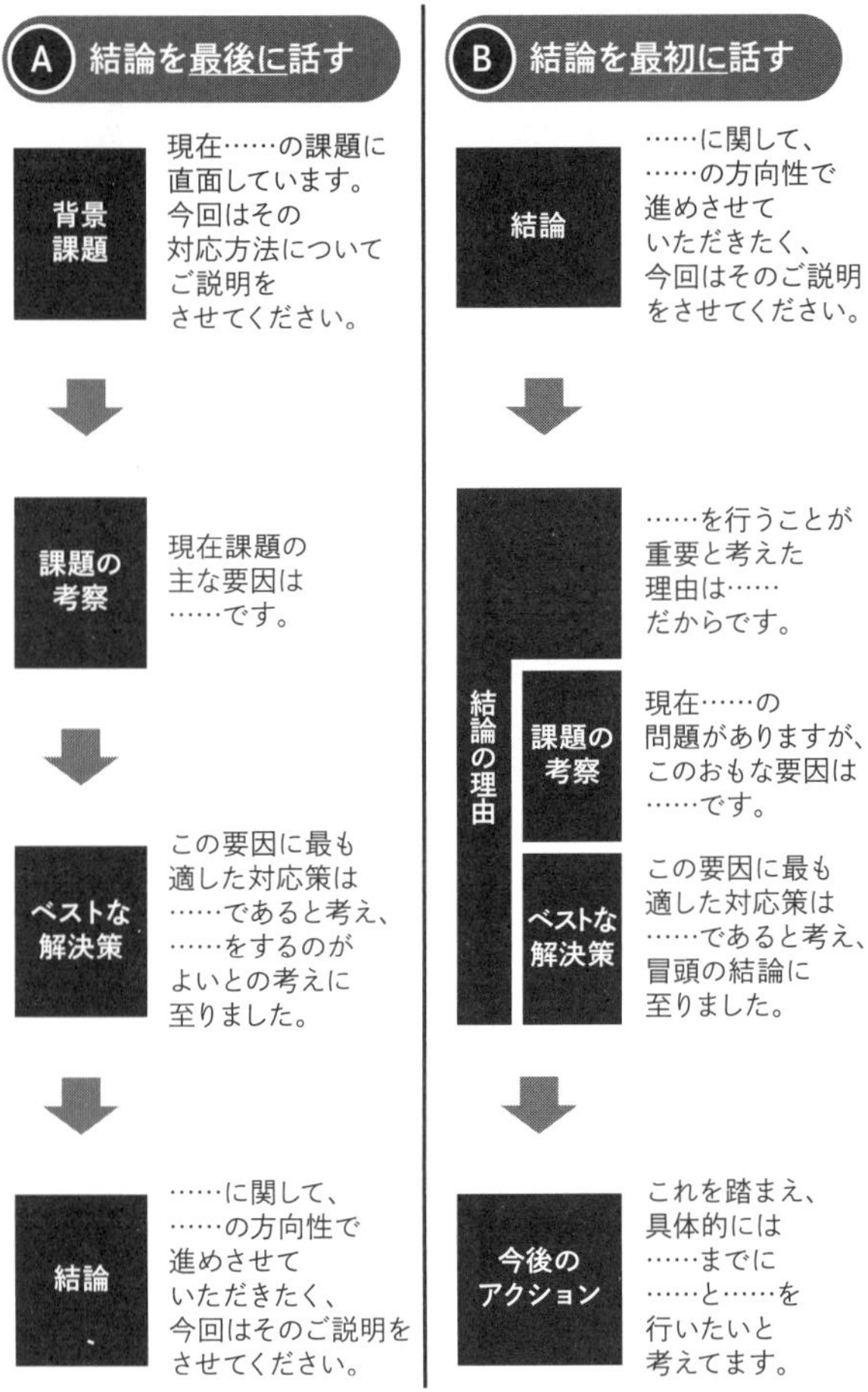
A 結論を最後に話す
背景
課題
現在……の課題に
直面しています。
今回はその
対応方法について
ご説明を
させてください。
課題の
考察
現在課題の
主な要因は
……です。
ベストな
解決策
この要因に最も
適した対応策は
……であると考え、
……をするのが
よいとの考えに
至りました。
結論
……に関して、
……の方向性で
進めさせて
いただきたく、
今回はそのご説明を
させてください。
B 結論を最初に話す
結論
……に関して、
……の方向性で
進めさせて
いただきたく、
今回はそのご説明
をさせてください。
結論の理由
……を行うことが
重要と考えた
理由は……
だからです。
課題の
考察
現在……の
問題がありますが、
このおもな要因は
……です。
ベストな
解決策
この要因に最も
適した対応策は
……であると考え、
冒頭の結論に
至りました。
今後の
アクション
これを踏まえ、
具体的には
……までに
……と……を
行いたいと
考えてます。

図 2-5　結論を最後に話す場合、最初に話す場合のメリット・デメリット

	Ⓐ 結論を最後に話す	Ⓑ 結論を最初に話す
メリット	**・説明の途中で反論を受けにくい** 背景から段階を踏んで丁寧に説明するため、最後まで説明を聞いてからでないと、結論に対する反論はそもそもできない	**・伝えたいポイントを明確にできる** **・説明する時間が短縮される**
デメリット	**・説明が長くなり聞き手をイラつかせる** 結論を早く知りたい相手に、順をおって説明することになる **・情報力が多く、聞き手が重要なポイントを見失う**	**・結論を説明した時（= 冒頭）で質問・反論を受けやすい** “なぜそう思ったのか？”“あの点は考えたのか？”と指摘されやすい **・結論に否定的な意見が出ると、説明を続けられない** 理由を説明する前に、異論をとなえられ自分の意見を表明できなくなる

識のかい離は生まれにくいのです。

信頼関係のある相手なら、結論を最初に

では、「結論を最初に話す（B）」が適しているのはどのような場面でしょうか。既に「背景・課題」を理解していてわざわざ改めて説明をする必要がない相手、すなわち、日常的にコミュニケーションを取っている上司などに対して説明する場面です。既に一定の信頼関係も構築されているので、詳細を何度も説明する必要はありません。結論を最初に話すことで短時間で効率的に情報を伝えられます。

反対に「結論を最後に話す（A）」がふさわしいのは、説明のために与えられた時間が比較的長く、またはふだんから密にコミュニケーションを取っている人ではない相手へ説明をする場面です。あなたがどのような課題に取り組んでいるか、聞き手がよく理解していない場合も（A）が適切です。例えば経営陣に対してプレゼンする場合や、数十分間のプレゼン時間を使って不特定多数の相手にじっくり説明する場合などが該当します。

図 2-6　結論を話すタイミングの考え方

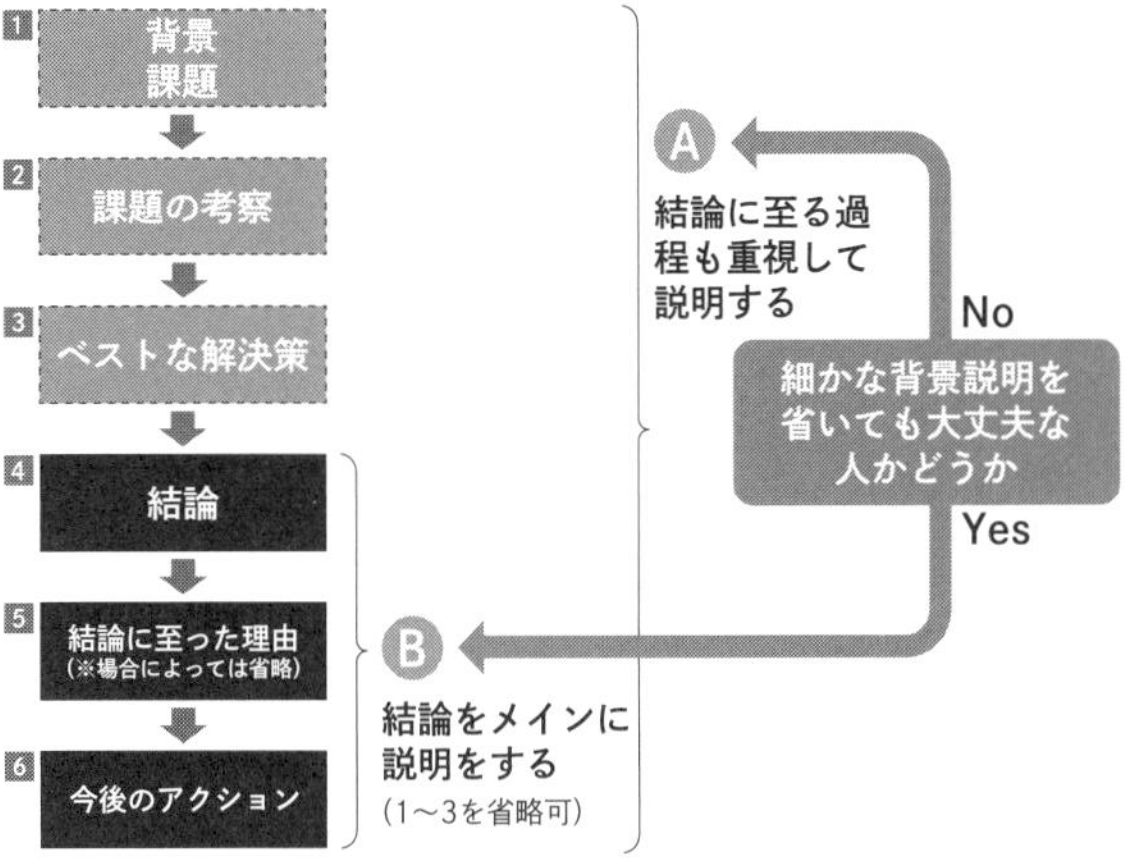

「背景説明を省いても問題ないか」で判断

結論を最初と最後のどちらに話すか迷うときは、「細かな背景説明を省いても問題ない相手かどうか」で判断しましょう。

結論を最初に説明するのと最後に説明するのとは正反対の方法に思えますが、実は説明の流れを図2－6のように捉えると、結論を最後に説明する方法は最初に説明する方法の単なる変形バージョンと考えることもできます。

この図では、説明を「背景・課題の考察（1〜3）」→「結論（4）」→「結論の補足（5〜6）」という流れで捉えています。1

つ目の「背景・課題の考察（1〜3）」の説明が必要な相手なら1〜6まで順番に説明することになるので、はじめに「背景・課題の考察（1〜3）」を話し、結論は最後に話すことになります（A）。反対に、不要な相手なら1〜3が省略されて、結果的に4が初めにくるので結論を最初に話す（B）ことになると考えればシンプルです。この点を意識するだけで、状況に応じて適した説明ができるようになるでしょう。

今回の宿題

最近作ったプレゼンを思い浮かべ、「結論を最後に話す（A）」と「結論を最初に話す（B）」のと、どちらが良かったのか、理由をつけて改めて考えましょう。

第３章

難しいテクニックは使わない。"化粧"で乗り切る

[資料作成編]

次の3項目のうち、ご自身に該当する項目があるか考えてみてください。

- ●「この資料、何を伝えたいのかが分からない」と指摘されたことがある
- ●PowerPointで資料を作成するとき、白紙のスライドを前に思考停止してしまう
- ●資料は、時間をかけただけ良いものができると思う

1つでも当てはまる人は、脱力系の資料作りができていません。資料の作成・修正に不必要なエネルギーをかけてしまっています。

脱力系説明スキルを持つ人は、一つひとつの資料作成にエネルギーを注ぎません。この資料を通して何を伝えたいかなどの資料作成の目的を最初にイメージして、それだけが満たされるように省エネで資料を作ります。すぐにできる小手先のテクニックや、短時間でできる資料の〝化粧〟のワザを駆使して、資料作成を簡略化します。

第3章では、頑張らなくても資料を作成したり修正したりできるテクニックを紹介します。

本章ではまず、PowerPointではなく手書きで作業を進めることの重要性をお伝えします。続けて、資料に盛り込む内容を絞り込む方法、メッセージやストーリーの整え方、より伝わりやすいレイアウトのコツ、見栄えの整え方などを紹介します。

最後に、スライドの効率的な修正法についても触れます。手間をかけずに、既存のスライドを見違えるほどに改善する方法を解説します。

1 PowerPoint資料作成、「手書き8割のルール」を意識しよう

提出1回目
何を伝えたいのかがわからんやり直し！
提出2回目／3回目
話の全体像とつながりがわからんやり直し！
反省…
こんなに直すなら、修正に時間をかけるべきではなかったはじめに手書きで相談していれば…

筆者は上場企業の取締役会向け資料など数々のPowerPoint資料を作成してきました。その経験を基に、相手にとって分かりやすい資料を作るコツを紹介します。

今回も、事例を基に考えていきます。今回の主人公はα社の経営企画部に配属されたばかりの市川さんです。

市川さんが経営企画部に異動になってから驚いたのは、部内で使われているPowerPointで作成された資料の多さです。これまで所属していた技術部門では図面の作製などがメインで、PowerPointのスライドはほとんど作ったことがありませんでした。しかし経営企画部では、会議資料をはじめほとんどがPowerPointで作られていました。

「何を伝えたいのか分からない」と言われてしまった

市川さんはある日、上司から「次回の週次部内会議で、現在経営企画部が手掛けているジョイントベンチャー（JV）プロジェクトの進捗《しんちょく》を報告したい。プロジェクトの状況を説明する資料を用意してほしい」と資料作成依頼を受けます。早速PowerPointソフトを起動して資料作成に取り掛かった市川さん。苦労しながらもどうにかドラフト版を仕上げ、上司へ提出しました。

しかし上司から返ってきたのは、強烈なダメ出し。「結局何を伝えたいのか、メッセージが分からない」「話があっちこっちに飛んでまとまりがない、全体像が見えない」「文字が多くて、パッと情報が頭に入ってこない」と、散々です。

実はこれらの指摘はどれも、「作成プロセス」を工夫するだけで、避けられた可能性があります。

「はじめからPowerPointを起動」は失敗する

PowerPoint資料の作成に慣れていない多くの人は、資料作成に取り掛かる際に最初からパソコンを起動してPowerPointを使おうとします。実はこれが、失敗のもとです。

分かりやすい資料を作るコンサルは、作成工程のほとんどでPowerPointを使っていません。手書き、またはWordを使用しています。PowerPointを使うのは最後の工程だけなのです。PowerPointを使うのに時間をかけるのではなく、机上で内容構成を考えることに多くの時間を使っているわけです。

日常生活で外出前に化粧をする時、「今日はどのような雰囲気の化粧にしようかな」と構想を考えたり、新商品の製造プロセスを考える前に量産設計に時間をかけたりするのと同じです。試行錯誤しながら化粧をしなかったり、きちんと量産のための設計をしないまま、やみくもに製造したりするのでは、迷走して時間がかかりますし、満足いく仕上がりにもなりにくいでしょう。**きちんと構想を練ってから着手するべきです。資料作成もこれと同じ**です。

資料作成プロセスのほとんどは紙とペンで

では、コンサルのPowerPoint資料の作成プロセスを見てみましょう（図3－1）。PowerPoint資料の作成プロセスは、大きく4つのステップに分けられます。

このうち1～3のプロセスで、紙とペンによる手書き、またはWordを活用します。はじめにPowerPointを使わずに手書きやWordを使うのはなぜでしょうか。

手書きは遠回りに見えて、実は近道

メリットは大きく2つあります。まず1つが、重要なポイントに意識を集中できることです。

図 3-1　資料作成の 4 ステップ

作成ステップ		作成手法
手順	概要	
1	資料全体を通して伝える内容の範囲を決める	手書き または Word
2	トピックごとにメッセージを明確化し流れを作る	手書き または Word
3	各スライドのレイアウトイメージを考える	手書き
4	実際にスライドを作成する	PowerPoint

ステップ3:「手書き」の例

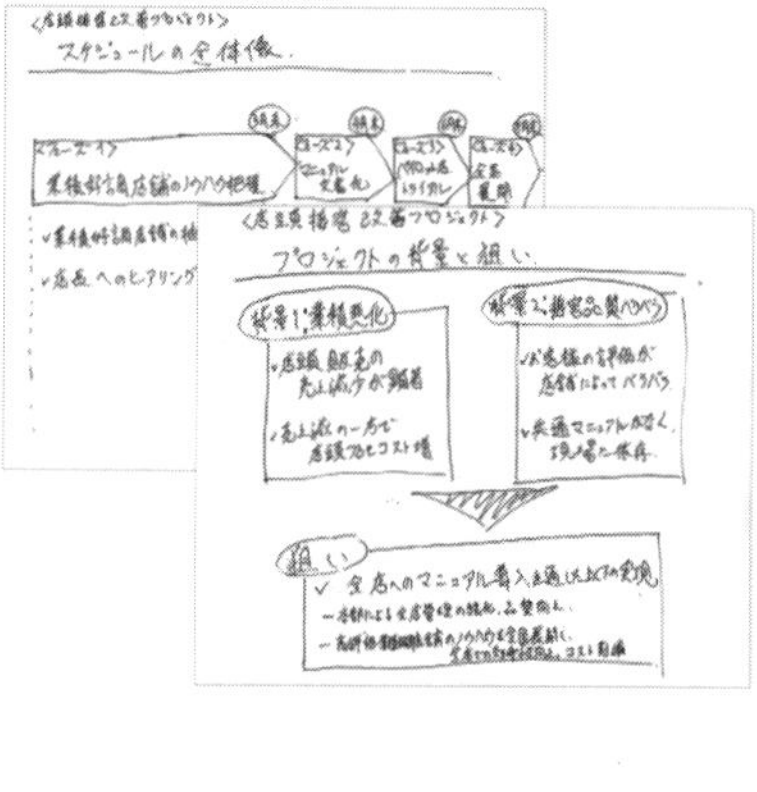

PowerPointを起動して作業を始めようとすると、どうしても図形の細かい位置、色使い、挿入画像の見た目など、内容を語るうえで本来は重要ではないはずの「デザイン」や「見た目」に意識が向いてしまいます。

これに対して手書きは、ペン1本で黒のみのため、色使いに凝ってしまうことはありません。手書きで精緻な描画は難しいため、図形の位置も気になりません。

このように、**あえて紙とペンしか使えない環境を作ることで、本質的な内容構成に思考を集中できる**のです。手書きでは書き込める文字の量にも限界があるので、少ない文字数で説明するスキルを養う効果も期待できます。

もう1つのメリットが、作り直しや手戻りの発生を防げることです。手書きであれば、文字の大小、文字の配置、図形をイメージ通りに一瞬で表現できます。PowerPointで作り込む前に、短時間で作成した手書きの粗い資料イメージを上司やチームメンバーへ見せることで、内容についての目線を合わせられます。これによって手戻りが減り、PowerPointを使った資料作りの時間を短縮できるのです。

資料作りが苦手な人に勧める「手書き8割」

PowerPoint資料の作成に苦手意識を感じたり、おっくうだと感じたりしている人は、「手書き8割のルール化」を意識してみてください。手順の1～3は、手書きやWordで進めるのが理想的です。

筆者自身も資料作成時には、手順1～3で全体の6～8割の時間を割きます。資料作成と言われると反射的にPowerPointを起動してしまう人も多いのですが、まずは**全体の8割の時間はPowerPointを開かずに作業することを、強く意識してみてください。**

すると自然に、資料内の構成や伝え方、メッセージを洗練する時間ができることでしょう。今回の市川さんも、手書き8割ルールを意識し、資料内の構成や伝え方やメッセージを洗練することに時間を割いていれば、上司からの指摘を回避できていた可能性があります。

先ほど外出前の化粧の例を出しましたが、最初はどういうイメージで化粧をするか悩むのに時間がかかっていたかもしれません。しかし、慣れてくると徐々に悩む時間が減り、悩まなくてもイメージ通りの化粧ができるはずです。

これと同じで、資料作成も最初のうちは、何をどうまとめればよいか構想に迷うことでしょう。しかし、決して楽しようとして、構想をすることから逃げて、いきなり資料を作り始めることはしないでください。何をどうまとめるかは時間をかけて検討すべきことです。ただし、ムダ・労力を費やさないためにも、「手書き8割のルール化」を心がけ、PowerPointに費やす時間を削減しましょう。

手書き8割に慣れていけば、徐々に時間をかけなくてもPowerPoint資料が作成できるようになっていくと思います。ぜひ意識してみてください。

次から、資料作成の4ステップに沿って役立つテクニックを紹介していきます。

今回の宿題

第1章で考えた自社の事業をSWOT分析するスライドを1枚手書きで書いてみましょう。

2 手戻りを防ぎラクしたいからこそ、面倒でも必ずやるべきプロセスとは

ＰｏｗｅｒＰｏｉｎｔの資料にどんな内容を入れて何を削るべきか。資料作成の最初に頭を悩ませるポイントです。

今回は、ＰｏｗｅｒＰｏｉｎｔ資料作りの４つのステップのうち、「ステップ１：資料全体を通して伝える内容の範囲を決める」について市川さんの事例の続きを通して見ていきます（図３－１の手順１）。必要な情報を網羅し、不要な内容を切り捨てるにはどうしたらよいのでしょうか。

資料に盛り込むべき話題はどれか？

ＪＶプロジェクトの進捗報告資料作成を依頼された市川さん。上司から、これまでのプロジェクトに関するすべてのデータが格納されているフォルダーのアクセス権を付与されました。

これを使ってPowerPointの資料を作成しようとしましたが、すぐに手が止まってしまいました。

市川さんの頭の中には、次のような疑問が渦巻いていました。「手元にはデータが十分にあるが、この大量の情報をどう資料にまとめればよいのか」「資料に盛り込むべき話題はたくさんあるが、どう絞ればよいのか」「プロジェクトの最初から最後まで丁寧に説明すべきか、皆が知っている前提で要所だけ説明すればよいのだろうか」――。

資料の構成に迷ったら、まずは思いつくままにすべて書き出す

こうした悩みには、筆者もコンサルとして直面してきました。コンサルは、顧客から1週間あたり数百万～数千万円でプロジェクトを受注します。しかし、報告できる時間は週にたった1時間の会議だけ、ということは珍しくありません。その短時間で何をどう伝えるべきか、悩みながら手順を確立してきました。

まずは、スライド資料上で伝えたいこと・伝えた方がよいかもしれないことを、箇条書きですべて書き出します。当たり前に思われるかもしれませんが、実際には多くの人が、このプロセスを無意識のうちに飛ばしています。その結果、資料作りが非効率になります。

図 3-2　思いつくままにすべて書き出す

週次部内会議で報告したい事項
<JVプロジェクト>

- JV先の追加候補が見つかった
- 法務部からJV契約のひな形を受領
  現在本プロジェクトに併せて修正着手中
- JV候補の資金繰りが厳しいとの噂あり
- 設計部門から現場のスケジュールでは厳しいとの指摘あり、
  スケジュール修正に着手中
- 現在のJV候補先は5社
- 地権者との協議が完了
- 来週は、JV候補を3社に絞る予定
- 来週は、現地確認のためにXXさんが出張予定
- 条件交渉に向けた契約書タームシートを準備中
- プロジェクト担当者の夏休み取得予定
- 法令改正を機に、大規模ビルの建設が可能となり、
  本プロジェクトが始動した
- プロジェクトメンバーはA部長、B課長、Cさん
- A部長は意思決定者であり、B課長は実務を統括する

重要な事項を漏らしてしまい、途中で重要な事項を思い出して手戻りする人は、このプロセスがきちんとできていません。気づかぬうちに自分の主観で資料に書くべき事項を取捨選択し、後から上司から「この観点はどうなってるの?」「これについても資料に入れて」と指摘をされてしまいます。

このような手戻りや重要事項の漏れを防ぐため、まずは「資料に盛り込んだほうがいい」「資料を通して伝えた方がよい」と思ったことを書き出してみるというプロセスを筆者はとても重視しています。

なお、書き出す際にはじっくりと考える必要はありません。伝える必要があるか迷うような内容は、すべて書き出しましょう。市川さんの場合は上司から与えられたデータをさっと閲覧し、思いつくまま書き出せば十分です。図３－２に、市川さんのケースを参考として示します。

書き出した内容をグループ化し、切り捨てる

次に、箇条書きで書き出した内容について、関連する内容や類似した内容をグループにしてまとめます。そのうえで、各グループにトピック名を付けてください。図３－３の太字下線がトピック名に当たります。

トピック名は工夫して考える必要はありません。例えば、「検討状況／準備状況」「直近のトラブルと解決方法」「プロジェクトを開始した経緯」「来週以降の動き」「プロジェクトメンバー」などが考えられます。

ここまでで、資料に盛り込む内容として、どのようなトピックが考えられるか整理できました。次に、この中から不要なトピックを切り捨てます。図３－３に取り消し線を書き込んで不要なトピックを切り捨てましょう。切り捨てていい不要なトピックは、これまでも話題

図 3-3　グループ分けしてトピック名を付ける

週次部内会議で報告したい事項
<JVプロジェクト>

本プロジェクト検討開始の経緯
- 法令改正を機に、大規模ビルの建設が可能となり、本プロジェクトが始動した

本プロジェクトメンバー構成と役割
- プロジェクトメンバーはA部長、B課長、Cさん
- A部長は意思決定者であり、B課長は実務を統括する

JV先候補検討状況
- 現在のJV候補先は5社
- JV先の追加候補が見つかった
- 来週は、JV候補を3社に絞る予定

JV契約準備状況
- 法務部からJV契約のひな形を受領
  現在本プロジェクトに併せて修正着手中
- 条件交渉に向けた契約書タームシートを準備中

地権者との協議状況
- 地権者との協議が完了

今週発生したトラブルと解決状況
- JV候補の資金繰りが厳しいとの噂あり
- 設計部門から現場のスケジュールでは厳しいとの指摘あり、スケジュール修正に着手中

来週以降の動き
- 来週は、現地確認のためにXXさんが出張予定
- プロジェクト担当者の夏休み取得予定

にあがったことがある内容など出席者全員が既に理解しているトピックです。ただし、出席者が多忙などの理由で前回会議の内容を覚えていない可能性が高い場合や、特に重要な内容がある場合は、もう一度同じトピックを含めるようにします。

このときのポイントは、トピックを切り捨てる判断をする前に必ず上司に相談することです。資料に含む可能性がある事項をすべて書き出して、類似の事項をトピックでまとめることまでは、あなたの仕事の価値です。しかし、重要事項に漏れがないかという確認と、何を捨てるかの判断は、上司との共通理解の下で行うことが大切です。

ここで上司と共通理解を持っておけば、その後の資料作成がスムーズになります。資料作成が進んだ段階で、上司から「この観点はどうなってるの?」「これについても資料に入れて」といった指示が出るのを避けられるからです。

市川さんの場合は、図3－3に挙げた項目のうち「本プロジェクト検討開始の経緯」「本プロジェクトメンバー構成と役割」については出席者が全員理解していると思われるため、切り捨ての対象としました。

「資料の内容を決める前に、一度すべて書き出す」。当たり前に見えるかもしれません。しかし実際は、この作業を多くの人ができていません。それが、資料作成の手戻りを生んでいるのです。

今回の宿題

最近作成した資料について、資料全体の構成を考える際に思いつくままに伝えたいことを書き出しましたか？　もししていないのであれば思いつくままに書き出していたら、どう変わっていたのか振り返ってみましょう。

3 説得力を高める「メッセージ」で資料の価値を高める

「各スライドには、伝えたいメッセージを1行で目立つように書く」。PowerPoint資料作成のコツとして、よく挙げられるポイントです。では具体的にどんなメッセージがよいのでしょうか。ここでは図3－1で示した4つのステップのうち、ステップ2の「トピックごとにメッセージを明確化し流れを作る」について詳しく見ていきます。

引き続き、市川さんの事例を見ていきます。ここまでで市川さんは、資料に盛り込むトピックを絞り込みました。それをPowerPointにまとめようとして、早速疑問が浮かびました。

「スライドにはメッセージを書いた方がいいと言われるけれど、メッセージは多い方がよい？」「大量の情報やデータを、どうメッセージにすればよいの？」「メッセージが断片的にならないような説得力のあるスライドを作るには、どんな工夫が必要？」といった疑問です。

トピックごとにメッセージを明確にする

ここで言うメッセージとは、各スライドに掲載されるデータや情報を通して、最も伝えたい「主張」や「まとめ」のことです。まずトピック（スライド）ごとのメッセージを作り、そのうえでスライド間の流れを整えてストーリーを組み立てます。

コンサルにとって、ステップ2は資料作成プロセスの中でも極めて大事な作業です。ある外資系コンサルティング会社では、スライド上でメッセージを最も目立つ位置（スライドの左上、一般的にはスライドのタイトルが記載される位置）に配置することをルール化しています。それほど、PowerPoint資料においてメッセージは重要な役割を担います。

メッセージ作成は、大きく2つの手順に分けられます。①トピック（スライド）ごとにメッセージを作る、②スライド間の流れを整え、1つのストーリーを組み立てる、です。順に説明します。

①トピック（スライド）ごとにメッセージを作る

まずスライドは、トピックごとに1枚作るのが基本です。ここで、トピックごとに伝えた

図 3-4　市川さんが作っているメッセージ。トピック（スライド）ごとにメッセージを作る

➡：各スライドのメッセージ案

週次部内会議で報告したい事項
<JVプロジェクト>

~~本プロジェクト検討開始の経緯~~
- ~~法令改正を機に、大規模ビルの建設が可能となり、本プロジェクトが始動した~~

~~本プロジェクトメンバー構成と役割~~
- ~~プロジェクトメンバーはA部長、B課長、Cさん~~
- ~~A部長は意思決定者であり、B課長は実務を統括する~~

JV先候補検討状況（スライド1枚）
➡候補5社から「各社の実績」を踏まえて3社に絞り込む予定
- 現在のJV候補先は5社
- JV先の追加候補が見つかった
- 来週は、JV候補を3社に絞る予定

JV契約準備状況（スライド1枚）
➡JV契約のひな型を利用しつつ、「知財の取扱い」などは修正予定
- 法務部からJV契約のひな形を受領
  現在本プロジェクトに併せて修正着手中
- 条件交渉に向けた契約書タームシートを準備中

地権者との協議状況（スライド1枚）
➡懸案となっていた地権者との協議は完了
- 地権者との協議が完了

今週発生したトラブルと解決状況（スライド1枚）
➡JV候補の資金状況確認、スケジュール修正を実施中
- JV候補の資金繰りが厳しいとの噂あり
- 設計部門から現場のスケジュールでは厳しいとの指摘あり、スケジュール修正に着手中

来週以降の動き（スライド1枚）
➡現地出張にて、対象地域の治安状況などを確認予定
- 来週は、現地確認のためにXXさんが出張予定
- プロジェクト担当者の夏休み取得予定

いメッセージを矢印のマークと下線で追記します（図3－4）。このメッセージ次第で、内容が伝わるスライドにも伝わらないスライドにもなってしまうため、時間をかけて慎重に考えます。

コンサルがPowerPoint資料を作成する際には、スライド1枚につき必ず1つのメッセージを作ることが暗黙のルールになっています。このルールは絶対厳守で、ほとんどのコンサルが踏襲しているはずです。

メッセージを考える際には、いくつかコツがあります。具体的には次の4つです。

各スライドのメーセージを作るときのコツ

●細かい内容を見なくてもメッセージ（赤字部分、本書では矢印と下線）だけ見れば主張が伝わるように、内容を短い文言に集約する

●「実施予定」なのか「実施済み」なのか、「事実」なのか「意見／アイデア」なのかが、一目で分かる言葉遣いにする

●仮にスライド1枚が切り出されて社内に出回ったとしても、異なる解釈や語弊が生じ

ないように慎重な言葉遣いをする
●資料を読んだ人からツッコミや質問をされることを事前に予測して、メッセージを決める

例えば図3－4では、JV先の候補検討状況について、「候補5社から『各社の実績』を踏まえて3社に絞り込む予定」というメッセージ（⬇）を作っています。これは「複数検討したの？　どんな観点で選ぶの？」といったプレゼンの聞き手からの質問を事前に回避したいと考えて作ったメッセージです。

「JV契約のひな型を利用しつつ、『「知財の取り扱い』などは修正予定」というメッセージも、「いつものひな型はどうしたの？　ちゃんと使ってね」という指摘を事前に回避する意図があります。

②スライド間の流れを整え、1つのストーリーを組み立てる

コンサルは、トピック（スライド）ごとにメッセージを決めたら、すべてのスライドをつ

なげて1つのストーリー（物語）を作ることを目指します。話の流れがつながるように順番を並び替えるのです。

紙芝居を想像してみてください。紙の順番を適切に並べることで、つじつまが合い、話としても分かりやすくなります。

PowerPoint資料も同じです。1枚ずつのスライドが伝えたいメッセージを持っており、それらを数十枚にわたって積み上げて適切に並べることで、強い説得力のある1つのプレゼンストーリーが生まれます。各スライドの順序が分かりにくかったり、メッセージが欠けていたりすると、説得力が弱まってしまいます。図3－4のメッセージを見ながら、自然な流れのプレゼンストーリーとなるように、図3－4のトピックを並びかえます。

実際には、図3－4を作成したタイミングで一度上司に相談するとよいでしょう。コンサルも多くの場合、このタイミングで上司と相談し、全体を通して伝えるべきメッセージとストーリー性、そのために必要な各スライドのメッセージは何かを精査します。

コンサルが新人の資料をレビューする際によく出てくる言葉があります。「So What（それで何が言いたいの？）」「メッセージは？」というお決まりのフレーズです。PowerPoint資料を作る際には、これらの質問を通じて、スライド1枚につき1つの強いメッセージがきちんと作られているかを確認します。「ロジカルに考えて」とアドバイスすることもよくあります。スライド間の流れに整合性があり、つじつまがあっているかどうかを確認するのです。

主張がない資料は価値が下がる

本節では、各トピック（スライド）に記載するメッセージを定めることの重要性を解説しました。ポイントをまとめると次の2つになります。

スライドメッセージ作成ルール

- スライド1枚につき1つのメッセージを作る
- スライドの順番を適切に並び替えることで、説得力の高いストーリーを生み出す

PowerPoint資料とは誰かに何かを伝えるために作成するものであり、そこにはあ

なたの「主張」があるはずです。主張、すなわちメッセージやストーリー性のない資料は、単に情報をきれいに並べただけのものといえます。これでは資料としての価値が半減してしまうことを覚えておきましょう。

今回の宿題

自分の部署で作成された資料を1つ選び、そのスライドの主張をより強く表現するならどのようなメッセージがよいか、考えてみましょう。

4 メッセージが伝わらない「ダメなレイアウト」を回避する

スライド作成のステップ3（図3－1参照）として、用意した各スライドのメッセージを際立たせるためのレイアウト方法を見ていきます。

既に説明した通り、PowerPoint資料では、スライド1枚ごとに1つのメッセージを配置します。コンサルは、「各スライドのメッセージをどう目立たせるか、メッセージの説得力や根拠を強めるためにどうするか」を常に考えています。説得力の高いメッセージを発することを最大の目的に、各スライドのデザインやレイアウトを考えます。

メッセージを基軸にスライドデザインを考える例

各スライドのメッセージを目立つようにレイアウトする際のコツは、次の3つです。

スライドメーセージを目立たせるレイアウトのコツ

- それがメッセージであることが一目で分かるデザインとする
  （上司や役員なども見る可能性があるのがPowerPoint資料。製作者自らが口頭で補足しなくとも、さっと資料を見れば内容が伝わるスライドデザインであることが大切）
- スライドに盛り込む情報が多すぎて、メッセージが目立たなくならないよう注意する
  （あくまでもメッセージが主役で、それ以外は脇役。脇役が主役のポジションを侵してはならない）
- 仮にスライド1枚が切り出されて出回ったとしても、誤解なくメッセージが伝わるデザインにする
  （資料のうち1枚だけ切り出され、社内の別の目的で利用される可能性がある。意図せぬ使われ方をして解釈を変えられることを防ぐために、自身の主張であるメッセージは目立つ場所に配置する）

ダメなスライドのメッセージレイアウト、3つの特徴とは

では、実際のスライド例を見ていきましょう。まず、悪いスライドの例です（図3－5）。

①メッセージがない

そもそもメッセージ自体がないスライドは論外です。資料の作成者がもしメッセージを思いつかないなら、そのスライドやそこに書かれた情報は単なる事実を並べただけであり、主張を持たない情報と言えます。主張を持たない情報からは学びが得られにくく、重要性が低いと解釈されても仕方ありません。

②2つのメッセージが含まれる

「スライド1枚につきメッセージ1つ」は、厳守です。1枚のスライドでメッセージが2つあるようなら、その内容はスライド2枚に分けるべきです。

③スライドごとにメッセージの配置が異なる

図 3-5　レイアウトに難があるスライドの例

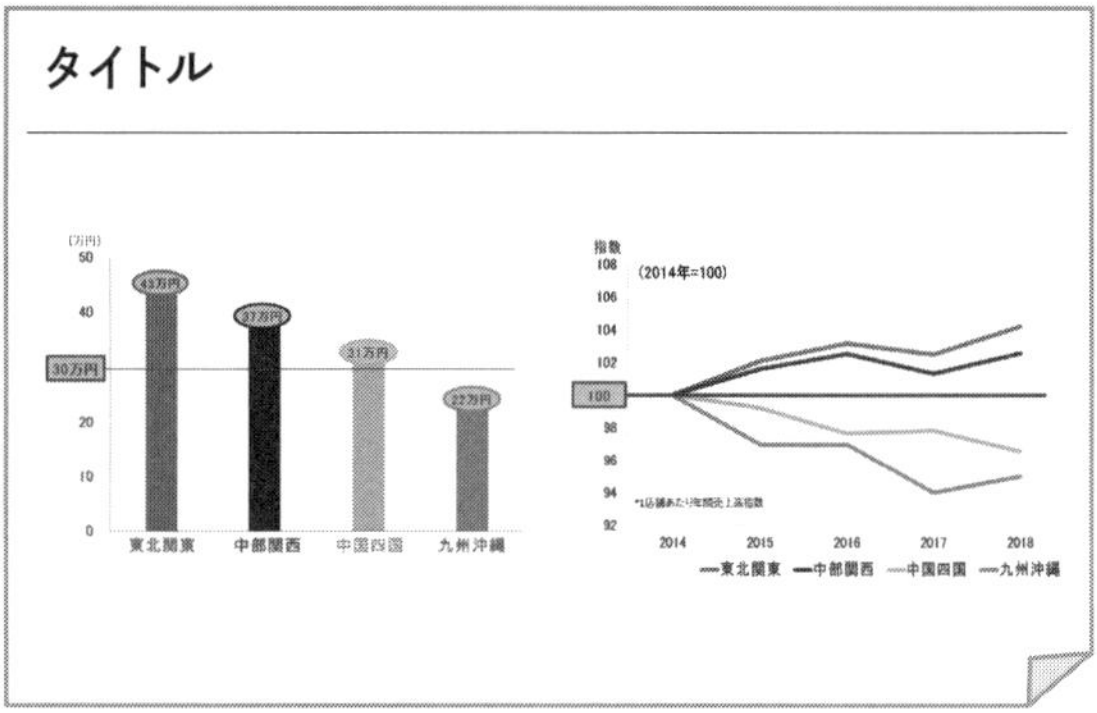

Bad Point
・調査情報や分析データのみ書かれており、
メッセージが記載されていない

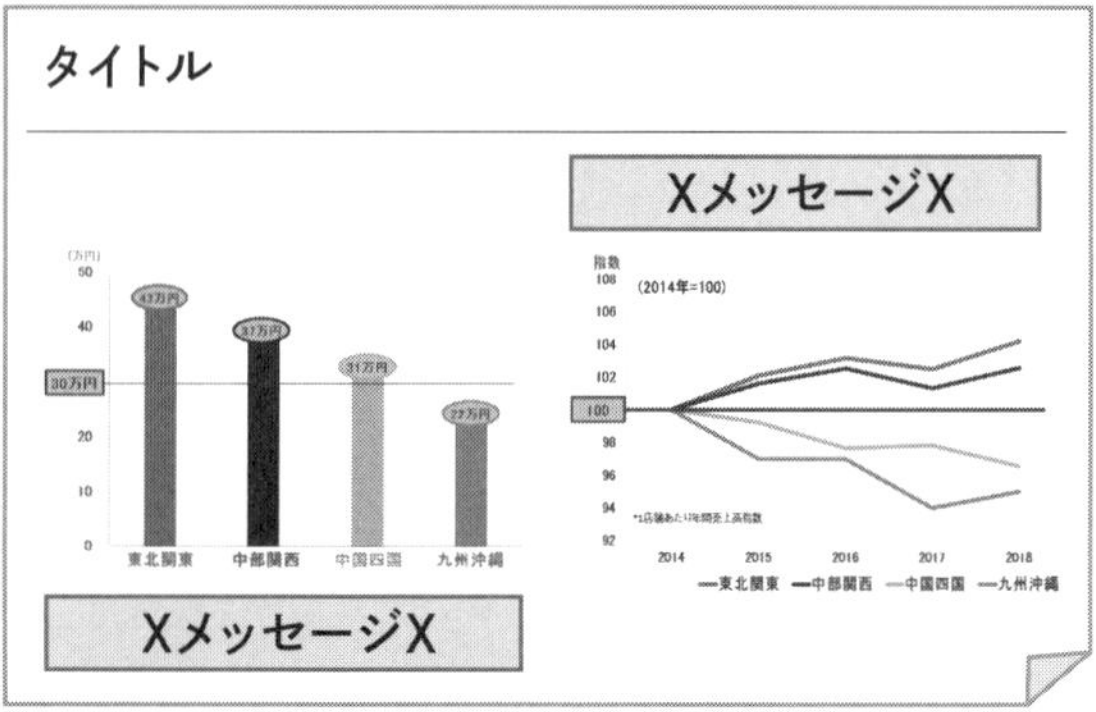

Bad Point
・スライド1枚にメッセージが複数存在する
・メッセージの場所が統一されていない

メッセージはどのスライドでも同じ場所に配置しましょう。スライドごとにメッセージの場所が異なるのは避けるべきです。資料を読む人にとっては最も重要なメッセージがどれなのか分かりにくくなり、結果としてメッセージの発信力が弱まってしまうためです。

良いスライドのメッセージレイアウト、2つの特徴

逆に、良いスライドとはどんなスライドでしょう。2つの特徴を挙げます（図3−6）。

①スライド最上部にメッセージを配置

PowerPointのスライドを読む人の目線を考えてみましょう。大半の人は、左上からスライドを読み始めます。

スライドでは左上のエリアが、誰もが目を通すゴールデンエリアです。メッセージはここに配置するのです。実際、ある外資系コンサルティング会社では、すべてのPowerPoint資料はこのようなレイアウトで作成することをルール化しています。

このような配置をすることで、忙しい会社の経営陣も目線を動かさずにスライドの最上部だけ読めば資料全体の内容を把握できるようになります。

図 3-6　スライドの望ましいレイアウト例

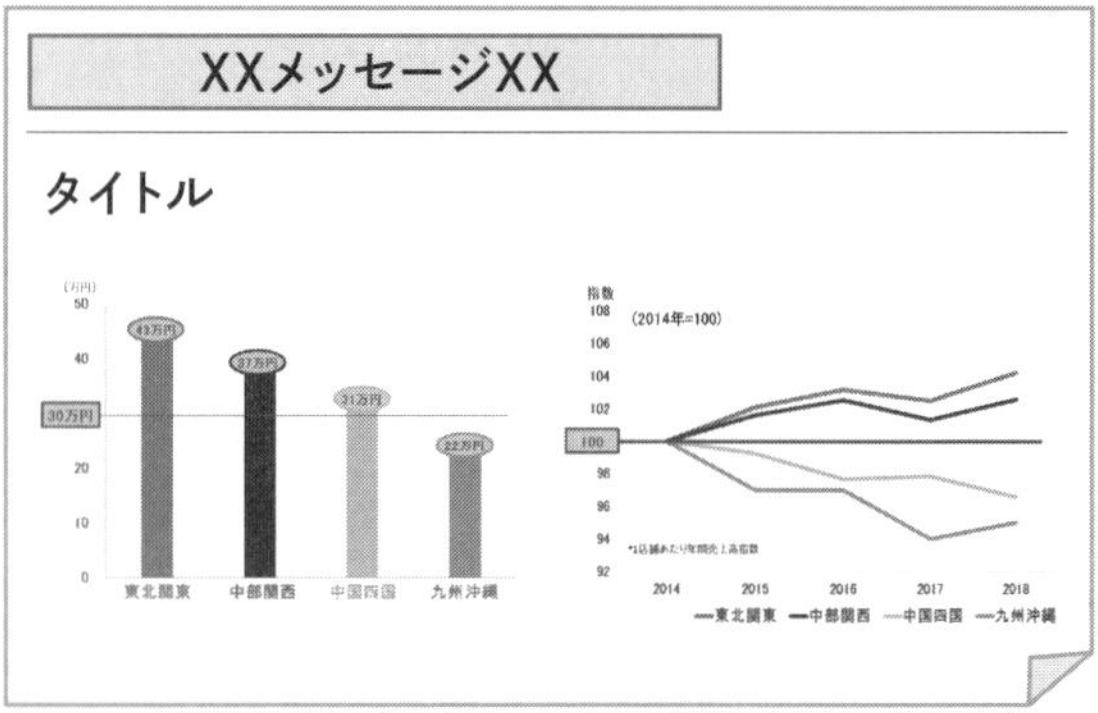

Good Point　・スライドで最も目立つ場所(一番初めに読む場所）にメッセージを配置している
・メッセージとタイトルを近い位置に配置し、目線を動かす必要がない

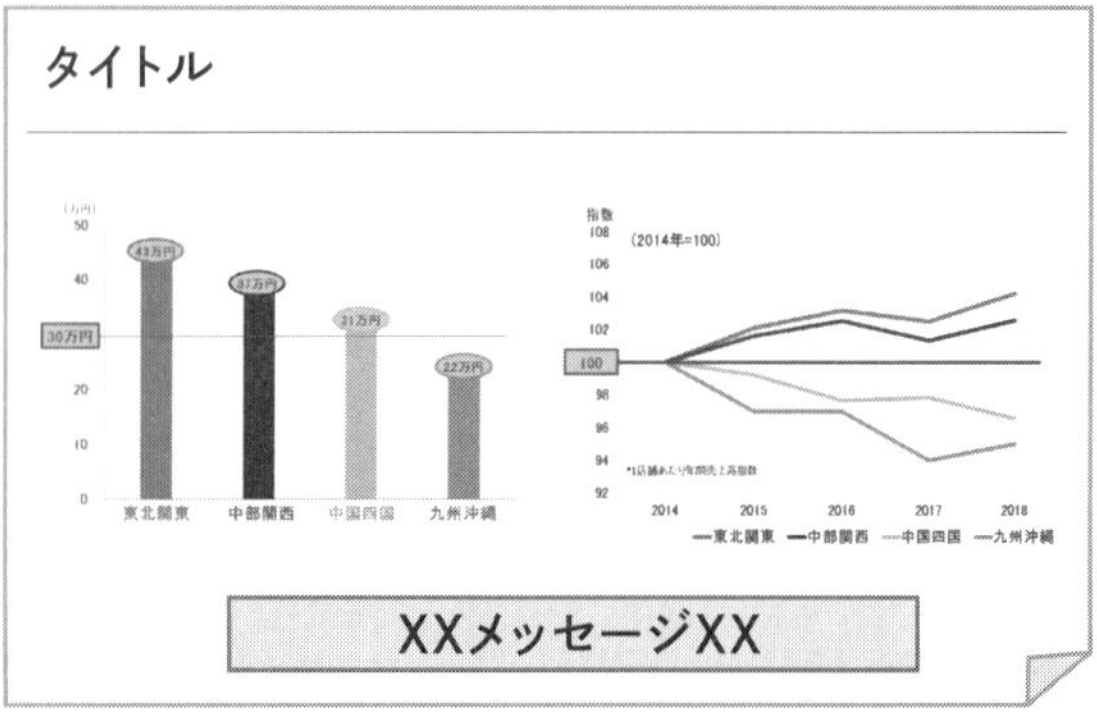

Good Point　・スライドで目立つ場所にメッセージを配置している

②スライド最下部にメッセージを配置

左上の次に目立つのが、スライドの最下部です。スライドの最上部にタイトル、最下部にメッセージがあると、目線を上から下に移動させなくてはならないことがデメリットです。目線を上下に動かしながら読んで初めてメッセージが把握できるため、資料だけ渡されて読み込むような忙しい会社の経営層向けには不向きです。

しかし、プレゼンの機会があり、スライドに記載しているデータの詳細を口頭で説明できる場合は、プレゼンターにとっては説明しやすいというメリットがあります。各スライドについてプレゼンする際に、先にグラフの内容などを説明した上で、そこから得られる示唆をメッセージとして語れるからです。

PowerPoint資料を作成する際に、あれもこれも情報を盛り込みたくなり、文字を小さくしたり、メッセージを入れるのをあきらめたりしてしまう人がいますが、これは賢明な方法ではありません。

PowerPointスライド上で記載する細かな情報はすべて、メッセージを引き立たせるための脇役です。それを意識して、スライドのレイアウトやデザインを考えるようにしましょう。

今回の宿題

最近自分が作成したスライドについて、メッセージが正しいレイアウトで配置されていたか確認しましょう。

5 文字だらけのスライドは「コマ割り」ですっきりと

ここまでで、各スライドに書きたいメッセージとそのレイアウトが決まりました。ここからは、中身のレイアウトを考えていきます。市川さんは本章の**1**で紹介した「手書き8割のルール」を実践し、まずは手書きで各スライドのイメージを書いてみました。

しかし、市川さんの手書きのスライドイメージを見た上司から、ダメ出しをされてしまいました。「スライドが文字だらけで分かりにくい」「スライドをパッと見たときに、目線をどこに持っていけばよいのか迷う」といった指摘です。表現したいことをとにかく文字で盛り込んだ結果、ゴチャゴチャしたスライドとなってしまっていたのです。

コンサルはこんなとき、スライドのレイアウトを整えることで、中身をすっきりさせるテクニックを使います。

図 3-7　スライドのメッセージは 2 つに分けられる

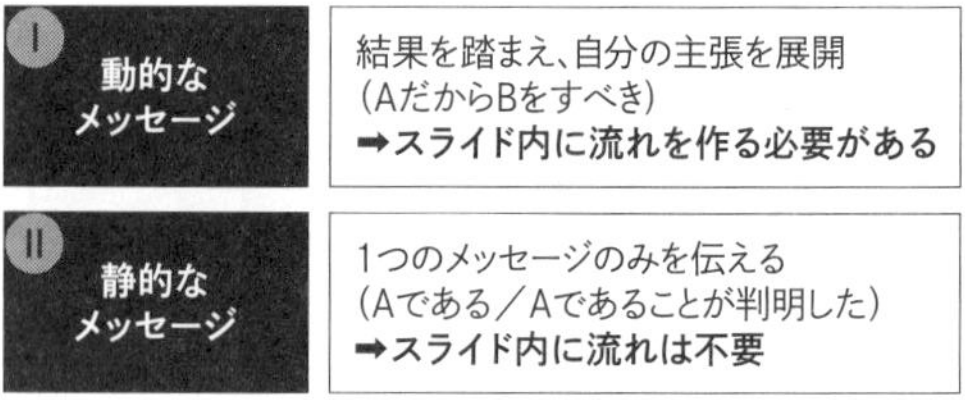
I
動的な
メッセージ
結果を踏まえ、自分の主張を展開
(AだからBをすべき)
➡スライド内に流れを作る必要がある
II
静的な
メッセージ
1つのメッセージのみを伝える
(Aである／Aであることが判明した)
➡スライド内に流れは不要

I・IIのどちらに該当するかを明確にすれば、
各スライドのレイアウトに迷わなくなる

まずは、コマ割りを考える

まずスライドの中身を細かく書き始める前に、1枚1枚のスライドについて大まかなレイアウトの外枠を作ります。分かりやすい例で言えば、漫画でキャラクターの表情など詳細なイラストを描き始める前に、コマ割りをするのと同じです。あらかじめ決めた各スライドのメッセージを最もうまく表現できるように、コマ割りを考えます。

スライドに入れるメッセージは、2つに大別できます（図3－7）。「動的なメッセージ」と、「静的なメッセージ」です。そのスライドのメッセージがどちらに該当するのか分類できれば、コマ割りは自然に決まります。

「動的なメッセージ」は流れを意識したコマ割りを

動的なメッセージとは、自身の主張を展開するメッセージのことです。常識的な社会人であれば、何らかの事実や根拠を説明した上で主張を述べるでしょう。たいていの場合は「Aという事実（根拠情報）があるから、B（主張）をすべきである」と説明するはずです。このように説明に流れがあるスライドのメッセージを動的なメッセージと本書では呼んでいます。

この「AだからB」という論理の流れをコマ割りで表現するのです。すると、図3－8のようになります。このコマ割りができてしまえば、AとBにそれぞれの内容を書けばよいだけになります。

応用編として、「複数の実態（A、A′、A″）を総合的に鑑みるとBを実行すべきだ」「3つの制約事項（A、A′、A″）を踏まえるとBが最適な方法と考えられる」などのメッセージを表現したい場合は、図3－8の下に示したコマ割りもよいでしょう。

いずれにしても、論理の流れを伴う動的なメッセージであれば、スライドのレイアウトもそれに応じたものにすべきなのです。すっきりと見やすいスライドを作れます。

「静的なメッセージ」は1枚の絵で事実を説明する

静的なメッセージとは、論理展開を伴わないメッセージです。一般的には、事実（根拠情

図 3-8 「A だから B」を表現する動的なスライドのコマ割り

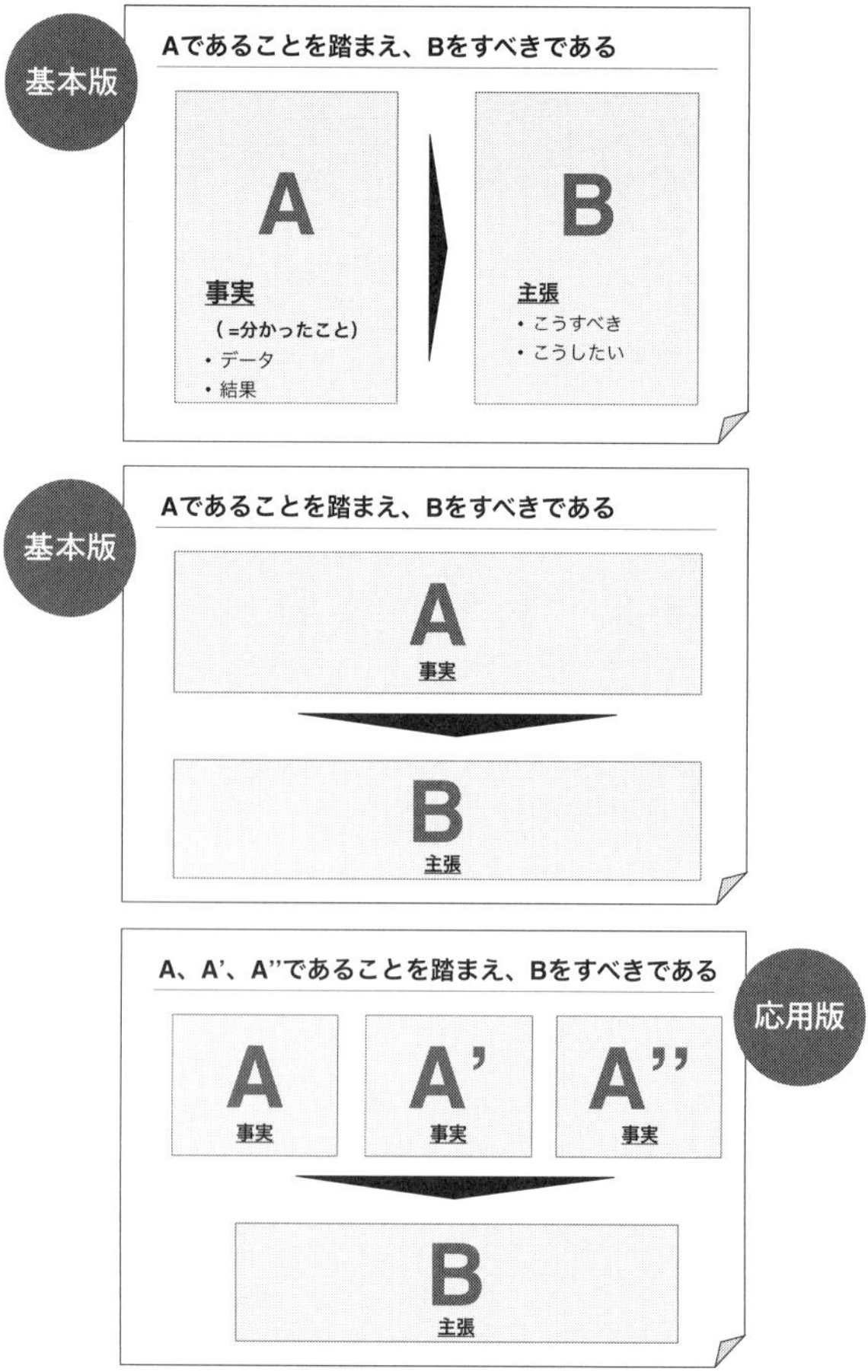

報）のみを表現したい場合が該当します。

よくある失敗例は、静的なメッセージのスライドにもかかわらず、いつの間にか自分の主張を同じスライド内に書き入れてしまい、「こうだから私はこう思うのです」と、何らかの論理を展開して流れを作ってしまうケースです。静的なメッセージに対して、スライド内の内容が不規則な論理の流れを持ってしまうため、目線をどこに持っていけばよいのか分からないゴチャゴチャしたスライドが出来上がってしまいます。

一度、当該スライドは静的なメッセージとすることを決めたら、論理展開を入れ込まないように注意しましょう（図3－9）。漫画に当てはめると、1ページ全体に1つの大きな絵が描かれているページと同様です。1ページで伝えたい主題はあくまで1つであり、スライドを見る際に目線の流れや論理展開の流れは存在しません。

例えば、「昨年度1年間の地域別売上高を見ると、東北関東エリアの売上が最も多かった」というメッセージの場合。図3－9の「基本事例」のように、グラフで事実を明示します。「○○をこのような手順で進める」といった事実を語るメッセージも、静的なスライドに当たります（図3－9の「応用版」）。「手順は流れを示すものだから、動的なスライドではないか」と思うかもしれませんが、そうではありません。手順は、論理的な展開の流れを含ま

図 3-9　静的なスライドのコマ割り

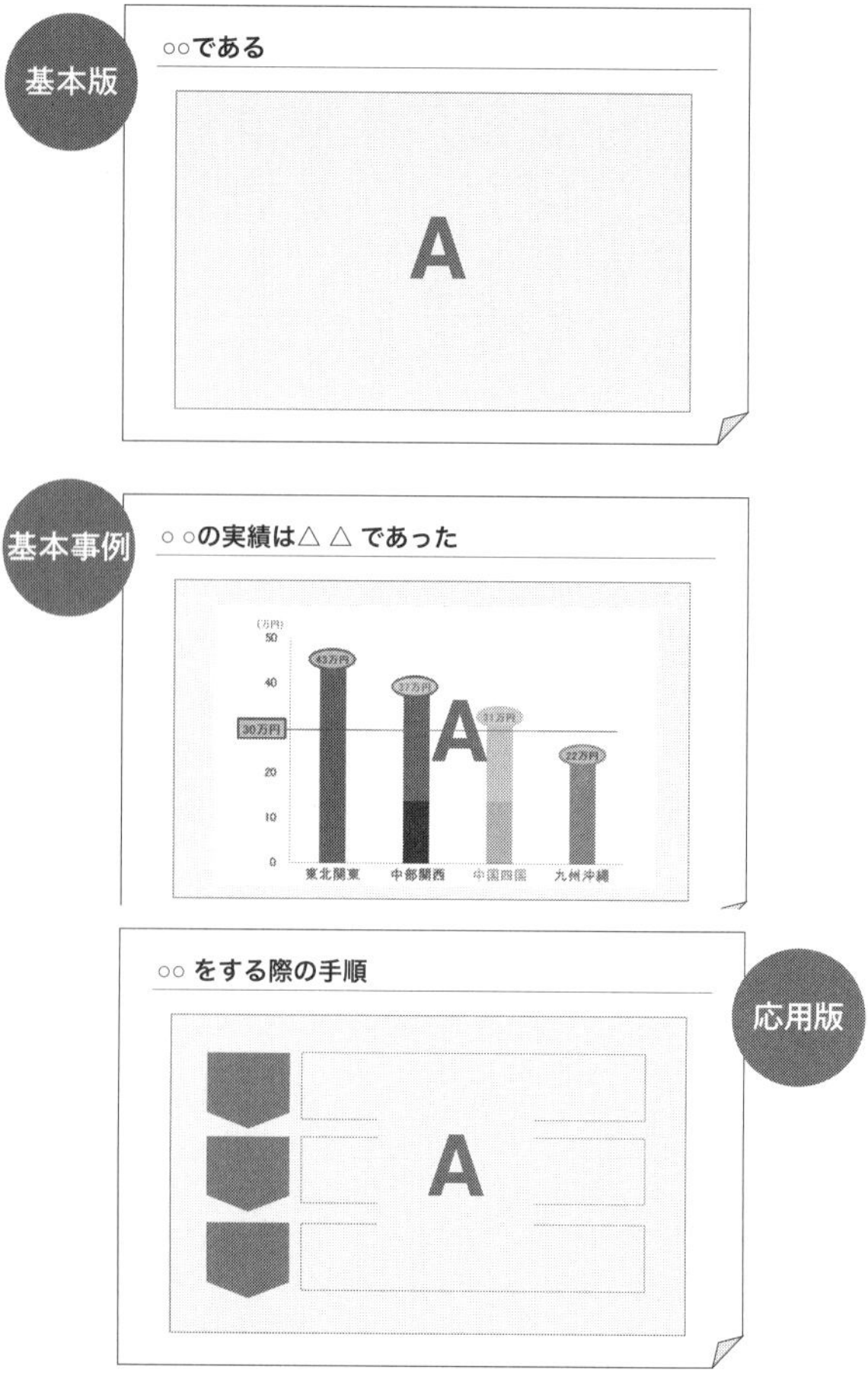

ないからです。1つの情報のかたまりとして、1つの絵で示すのが適切です。

本章の**4**とここでは、各スライドのメッセージが決まったら、次のステップとしてスライドのレイアウトをどのように考え出すべきかを説明しました。

スライドを作成する本人が意気込んで内容を考えれば考えるほど、1枚1枚の内容は情報過多になってしまい、見にくくなりがちです。それを避けるために、まずはメッセージを最適に表現するレイアウト、つまりコマ割りを考えましょう。その上で、それぞれのコマの内容の中身を埋めていくことが重要なのです。

今回の宿題

過去に自分が作成したスライドを複数枚選び、それぞれのメッセージについて、静的なメッセージと動的なメッセージのどちらに当てはまるか考えてみましょう。

6 PowerPointで色の使いすぎはご法度、お勧めはこの2色

スライドのコマ割りが決まったら、ステップ4の実際のスライド作成に移ります。各コマに必要な要素を入力し、見栄えを整えます。

スライドの見栄えは、プレゼンの印象を左右します。せっかく優れた中身を作ったなら、見栄えも整えたいものです。市川さんも、ここまでで用意した手書きの記載内容を基に、PowerPointソフトを使ってスライド作成に挑んでいます。しかしなんだか満足のいく出来栄えになりません。先輩のようにかっこいいスライドにならないのです。

上司からも、「手書きのスライドはよくできていたのに、PowerPointで作るとどうしてこんなに見にくくなってしまうの?」と言われてしまいました。

意外にできていない「3つのコツ」

では、PowerPointソフトで見栄えの良いスライドを作るための3つのコツを見て

いきましょう。いずれも基本的ですが、これが正しく実践できているかどうかでスライドの出来栄えに大きな違いが出ます。

図3－10をご覧ください。コンサルが作成したスライドです。これまでに紹介した通り「コマ割り」を意識し、大切なメッセージも目立つように配置されています。「落ち着いている」「プロっぽい」といった印象を受けるのではないでしょうか。

スライドの内容やレイアウトを固め、それをPowerPointを使って作成する際には、筆者は次の3つのコツを意識しています。

スライドの見栄えを良くする3つのコツ

①使う色は2種類に限定する（例：グレー系と赤系）
②フォントサイズは12ポイント以上にする
③フォントはメイリオまたは源ノ角ゴシック

図 3-10　コンサルが作成したスライドの例

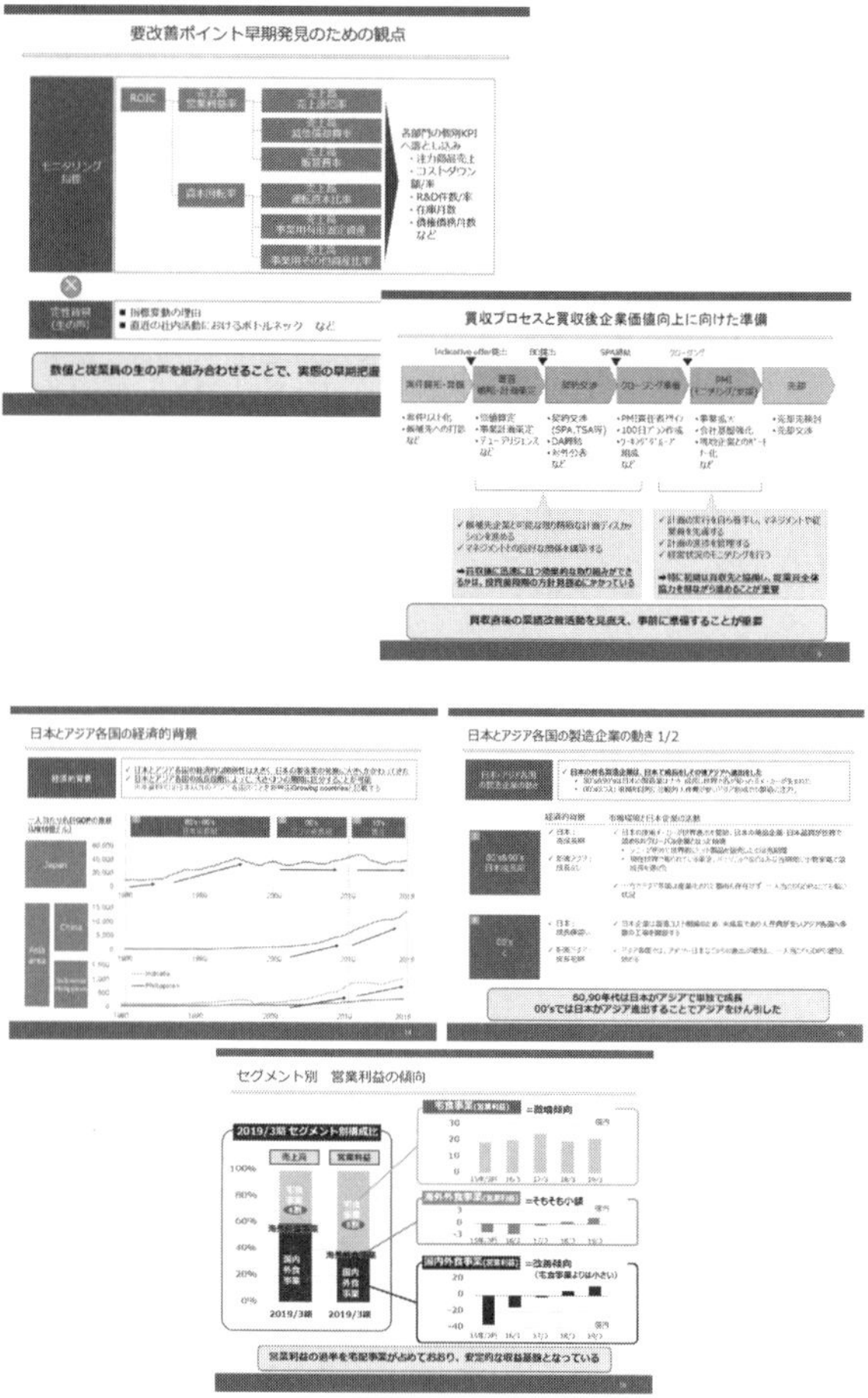

使う色の種類はとにかく少なくする

スライドで利用する色やフォントなどがルールとして決まっている会社も多いでしょう。もちろん、その場合はルールに従いましょう。特に決まりがない、ルールはあるが強制されていないなど、色使いやフォント設定で迷うことがあるなら、3つのコツをぜひ意識してみてください。

ここではこの中でも、①について詳しく解説します。スライド上で使用する色の種類は、文字に使う黒のほかには2種類までだと考えましょう。ベースとなる色と、強調する1色の系統の2種類です。例えばグレーとコーポレートカラー（企業ロゴの色など）の2種類がお薦めです。色の変化を出したい場合は、強調する色の濃さや明るさを変化させます。

具体例を見てみましょう（図3－11）。

上図と下図では、上図のほうが落ち着いた印象を受けるでしょう。下図は、見た人に次のような思いをさせてしまいます。

図 3-11　色使いを変えたスライドの例

◎良い例:2系統の色

2色(グレー+1系統の色) のスライドの例

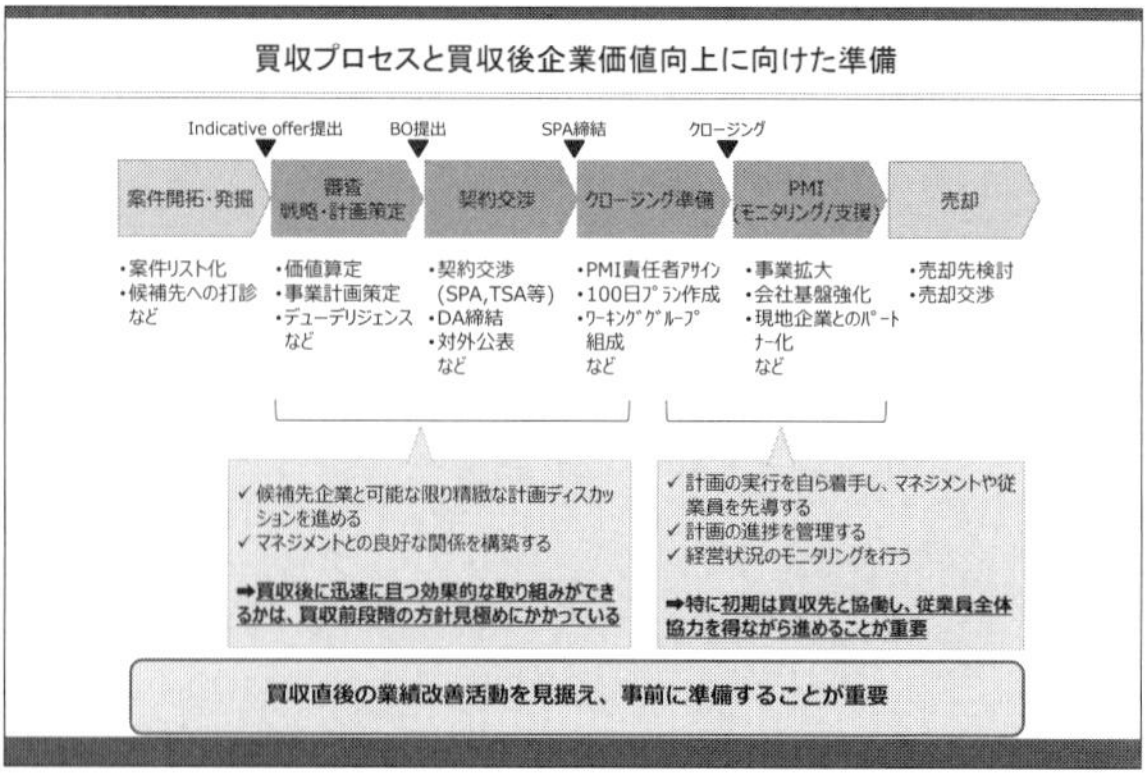

×悪い例:4系統の色

4色(グレー+3系統の色) のスライドの例

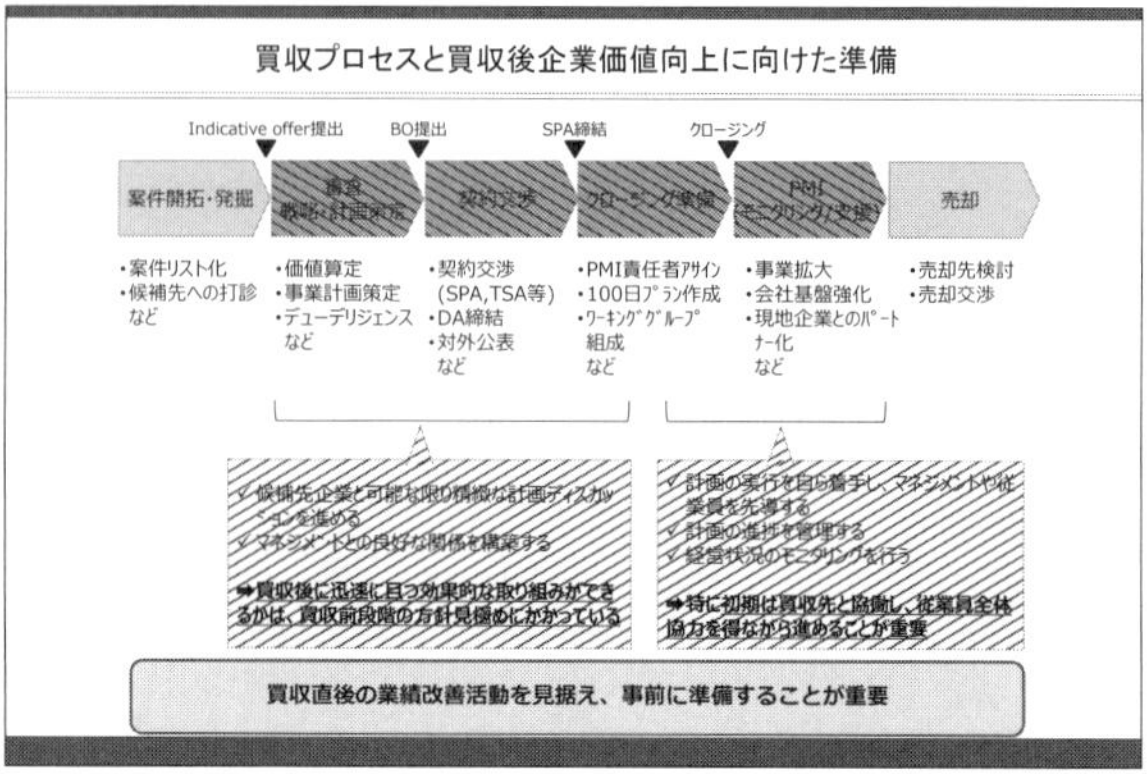

「どの色が最も重要な色なの？　このスライドの中で何が重要だと受け取ればよいのか」「青色と黄色があるけど（本書では斜線などで表現する）、なぜ作者はあえて色を区別しているのだろうか。この色の違いは何を意味しているのだろう」

このように、忙しい読み手に内容とは関係のない疑問を持たせてしまいます。本当に伝えたかったことが薄まってしまうのです。

色使いを誤ると、メッセージの発信力が弱まる

もう1つの例です。図3－12の上図と下図を比較してみましょう。

こちらのスライドでは、「ＡＢＣカンパニー（印刷業、左のグラフ）」と「日本の平均的な印刷業（右のグラフ）」の成長性の違いを比較しています。このスライドで伝えたいメッセージは、「ＡＢＣカンパニーの業績は良好で、成長を続けている」ことです。すなわち、スライドの主役はＡＢＣカンパニーです。

上図は、ＡＢＣカンパニーに関してのみ赤色（本書では濃い黒色で表現）を利用していま

図 3-12　2 色を使った例と 3 色を使った例

◎良い例:2系統の色

2色(グレー+1系統の色) のスライドの例

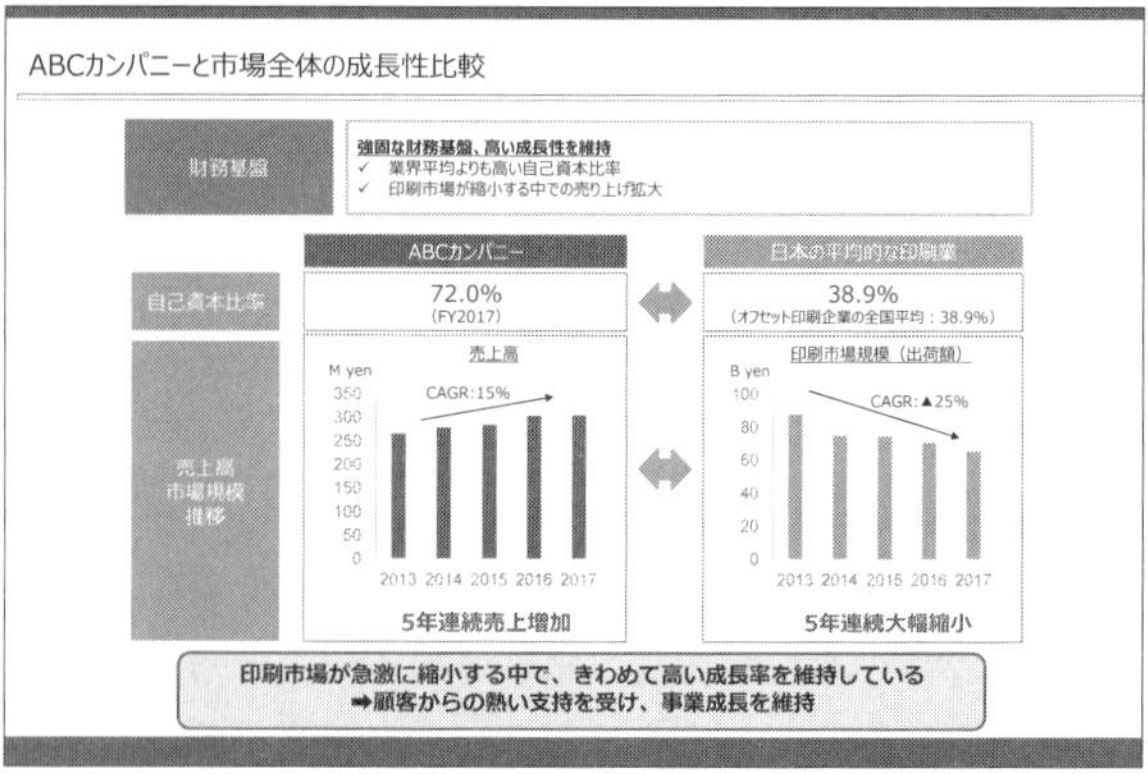

✕悪い例:4系統の色

3色(グレー+3系統の色) のスライドの例

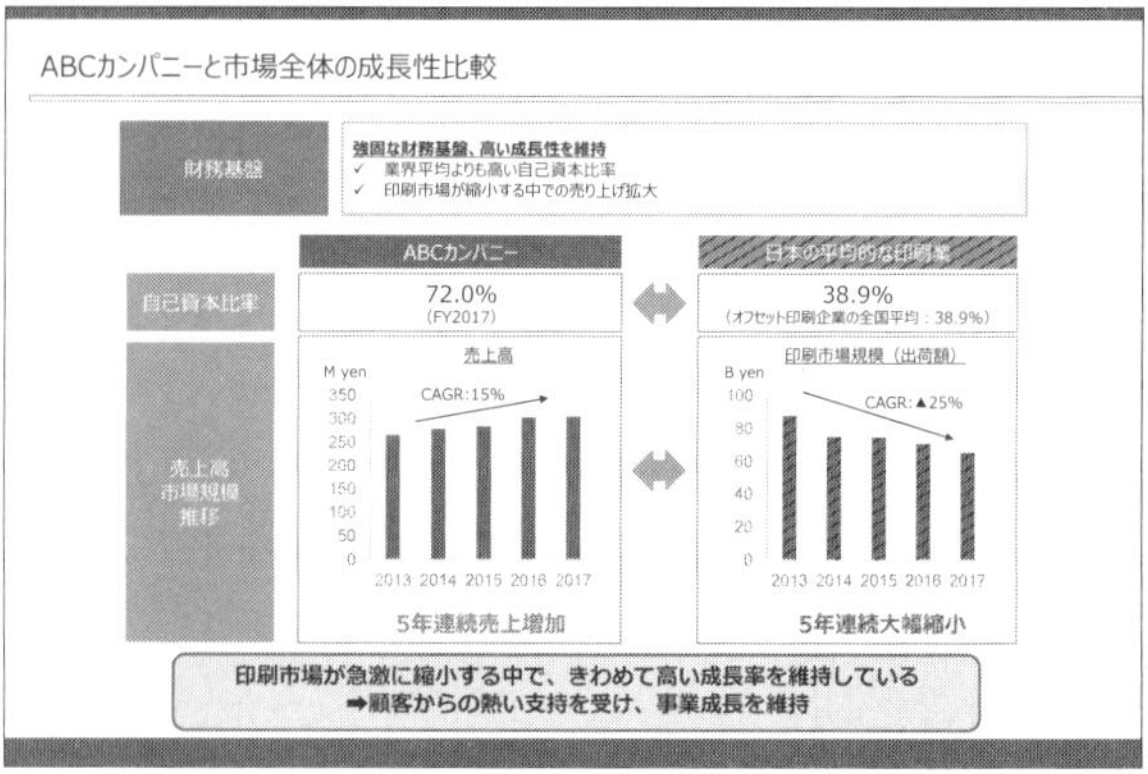

す。パッと見るだけで、スライドの左半分を占めるＡＢＣカンパニーに関する情報に視線が誘導されます。忙しい人が短時間見ただけでも、最も伝えたい情報に視線が向くので、上図は望ましい色使いだと言えます。

一方の下図は、視線がスライド右半分の日本の平均的な印刷業についての情報に誘導されてしまいます。左右のどちらにも目立つ色が使われており、さらに右半分はスライドテンプレートの色になじまない青系色（本書では斜線）が使用されているため、より目立ってしまうのです。本来は、左半分部分の「ＡＢＣカンパニーの業績は良好で成長を続けている」というメッセージを伝えたかったのにもかかわらず、どちらかというと右半分の「日本の印刷業界は年々市場縮小が進んでいる」が印象に残ってしまいます。このように色使いのせいで、本来伝えたかったメッセージをうまく伝えられなくなってしまうのです。

これまで紹介したように、手書きで準備したスライドをＰｏｗｅｒＰｏｉｎｔソフトで作成する際には、色使いという新しい要素を考慮する必要があります。色使いだけで、各スライドで伝えたかったメッセージの発信力が変わってしまうことは、今回の比較を通じてご理解いただけたのではないでしょうか。伝えたいメッセージを最も伝えられるように、あえて

「使う色は2種類のみ」を意識しましょう。

今回の宿題

過去に作ったスライドから色使いが多いものを見つけ、2系統色にどう直すべきかを考えてみましょう。

7 矢印1つで手軽に。アピール力を高める

色以外にも、スライドのメッセージを際立たせる方法があります。シンプルな配色できれいにまとまっているけれど、何を伝えたいのかいまいち分からない。そんなスライドを見かけることがあります。

市川さんとしては、グラフを入れて分かりやすくPowerPointスライドを作成したつもりですが、上司から「よくまとまっているけれど、事実をきれいに整理しただけのようにしか見えないんだよね。市川さんがこのグラフから何を伝えたいかがいまいち伝わってこない」と言われてしまいました。

図3－13をご覧ください。市川さんが勤務する建設会社の海外事業部の業績報告に関するスライドです。「海外事業は順調に拡大を続けている」というメッセージを入れ、それを裏付けるグラフも掲載されています。全体を読めば、2016年以降事業拡大を続けてきたことは理解できますが、ややインパクトに欠けます。

図 3-13　市川さんが作成したスライド

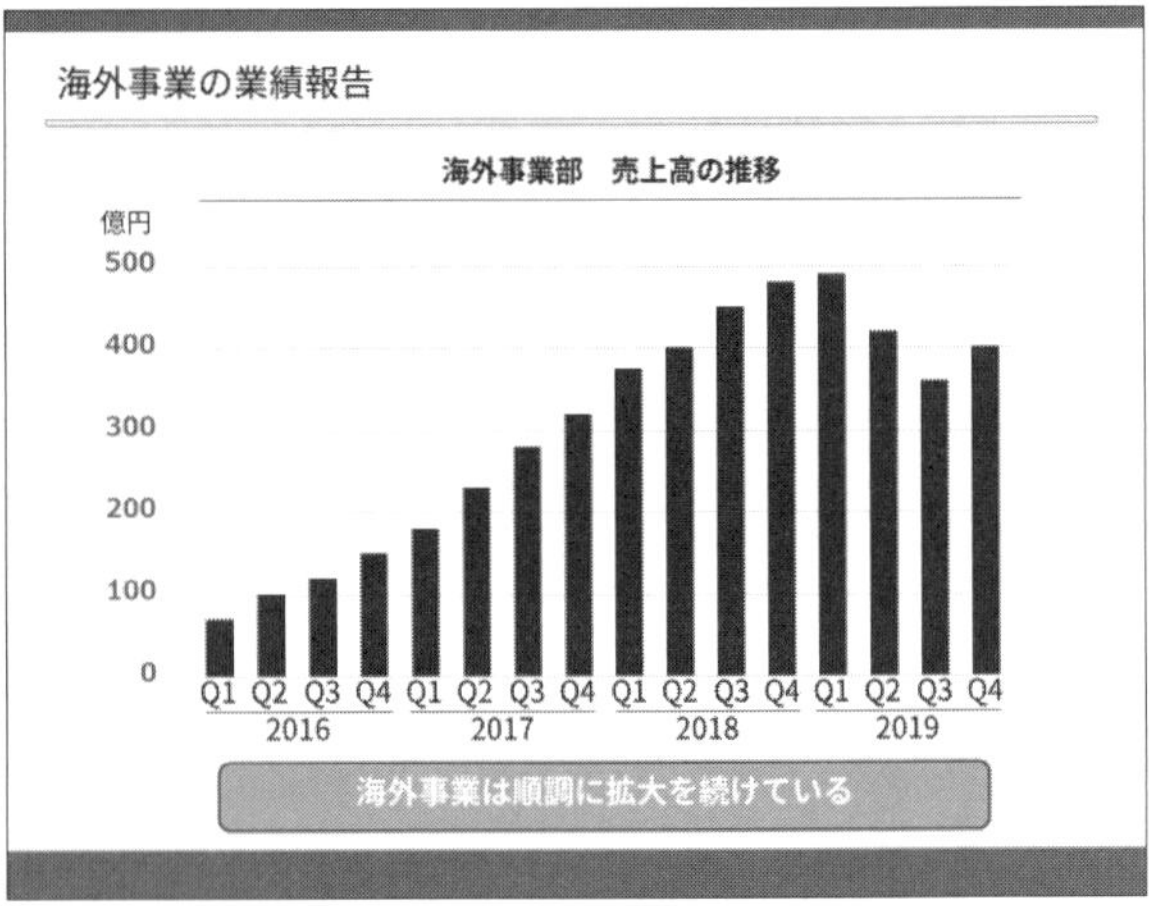

このスライドを少し加工するだけで、説得力はぐっと高まります。どうすればよいか、見ていきましょう。

じっと見て考えて、答えを考えついたら、図3－14を確認します。いかがでしょうか。

たった1つの矢印で説得力アップ

図3－13のスライドで最も伝えたいことは、「海外事業は順調に拡大を続けている」というメッセージです。このメッセージをさらに強く表現するために、矢印を1つ足してみましょう（図3－14）。２０１６年から２０１８年にかけて成長していることを、より強く表現するためにグラフ上部に矢印を配置しました。

図3－13と比べて、海外事業が成長していることがより直感的に伝わってくると思います。このように、スライドが出来上がったら、メッセージをより印象付けるために矢印を配置できないかと検討してみましょう。

図3-14　矢印を1つ加えて、
海外事業が成長していることを強調

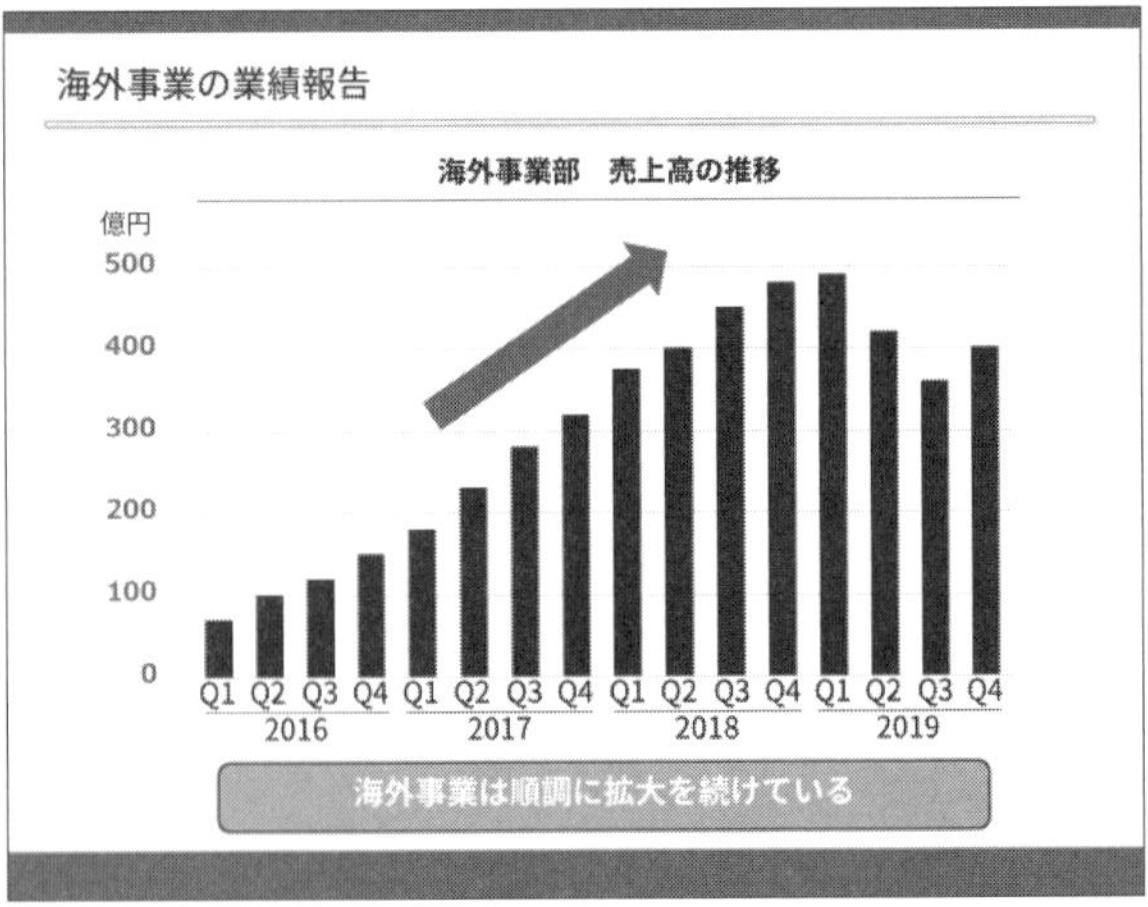

次に、図3－15をご覧ください。これまでと同じグラフを利用していますが、図3－14とは受ける印象が大きく異なります。

下落の局面付近に矢印が配置されており、「下落傾向にある」というメッセージが伝わってきます。海外事業について問題提起をするなどの目的で「海外事業の業績は下落傾向」というメッセージを発信したいなら、このような矢印の配置が効果的です。

図 3-15　海外事業の下落を強調する矢印の配置

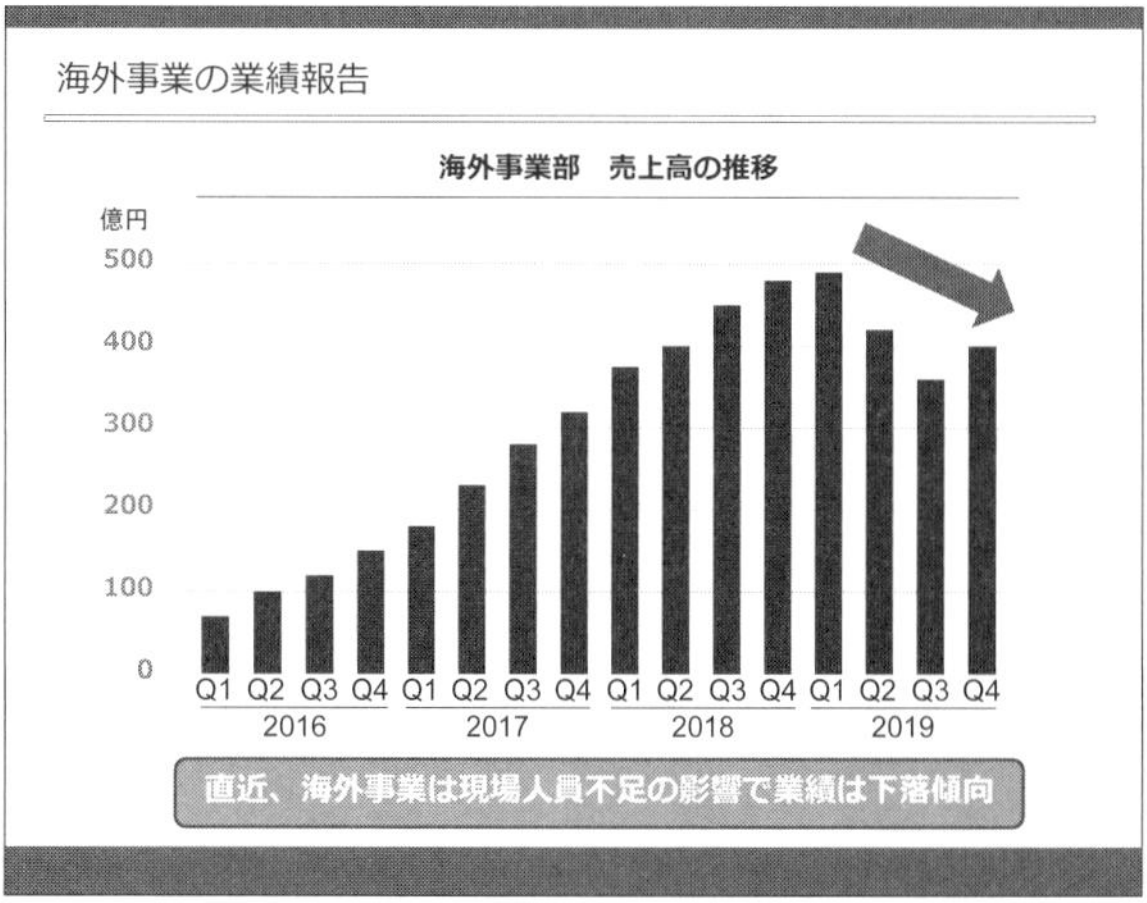

市川さんがさらに強く「海外事業の業績は下落傾向」であることを主張したいのなら、表示するデータの期間を限定するテクニックも使えます。

次ページの図３－16では、２０１６年、２０１７年分のデータを意図的に削除しています。

図 3-16　期間を絞ることで、
下落傾向をさらに強調できる

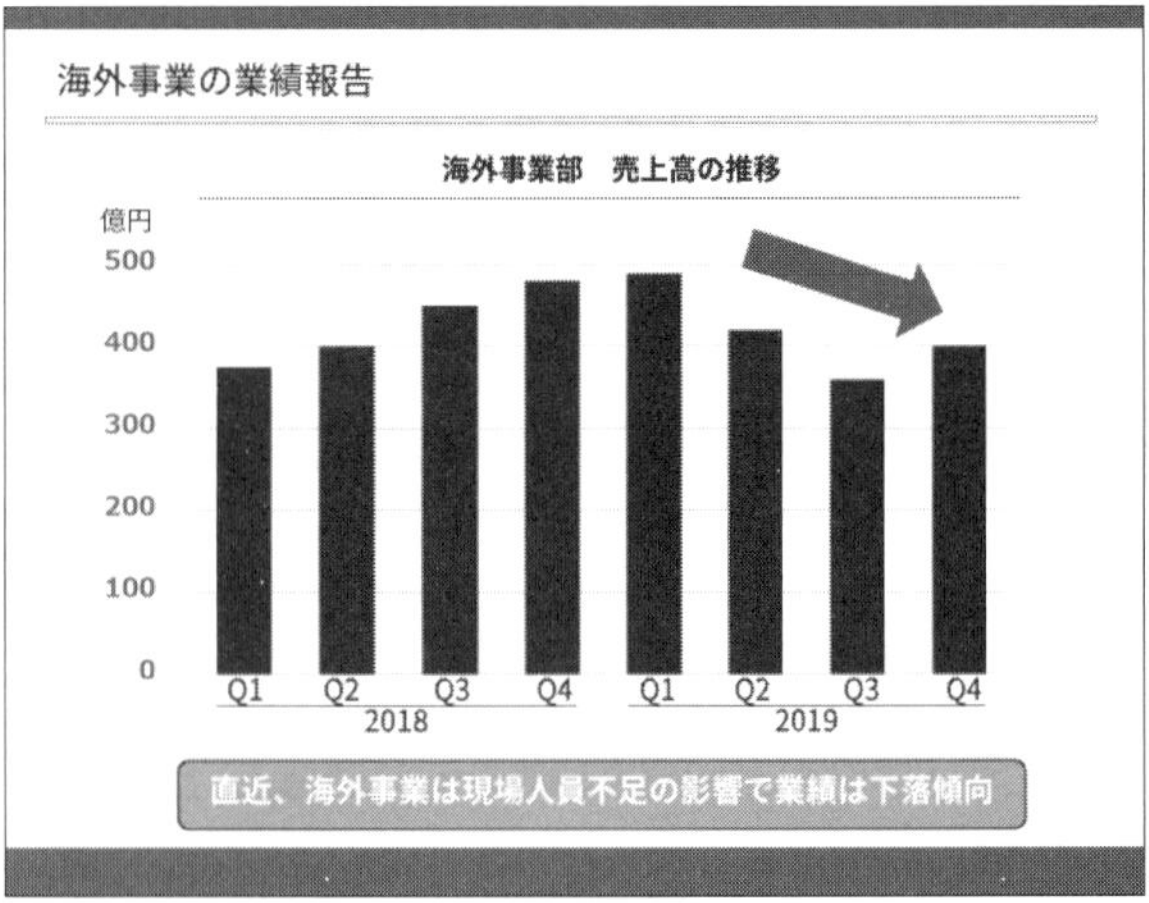

矢印の位置を変えれば逆のメッセージを伝えられる

今度は図3－17をご覧ください。海外事業は「回復傾向にある」という印象を受けるのではないでしょうか。

グラフはこれまでと同じでも、矢印の配置を変えることによって図3－15や図3－16とは逆のメッセージを伝えられるのです。実際には2019年のQ4に少し上昇に転じただけですが、矢印でグラフのトレンドを表現することで、直近は回復基調にあるというメッセージを発信できるのです。

ここまでのまとめをしましょう。自分が作成したスライドについて、メッセージが伝わりにくい、アピール力が弱いと感じた際には、まず矢印の追加を検討してみてください。同じデータ（今回の例では、海外事業部の売上高）を用いたとしても、**矢印の配置を工夫するだけで、メッセージの伝わる強さや出席者が受け取る印象をコントロールできるのです。**

図 3-17　矢印の位置を変えることで、
「回復傾向」を強調

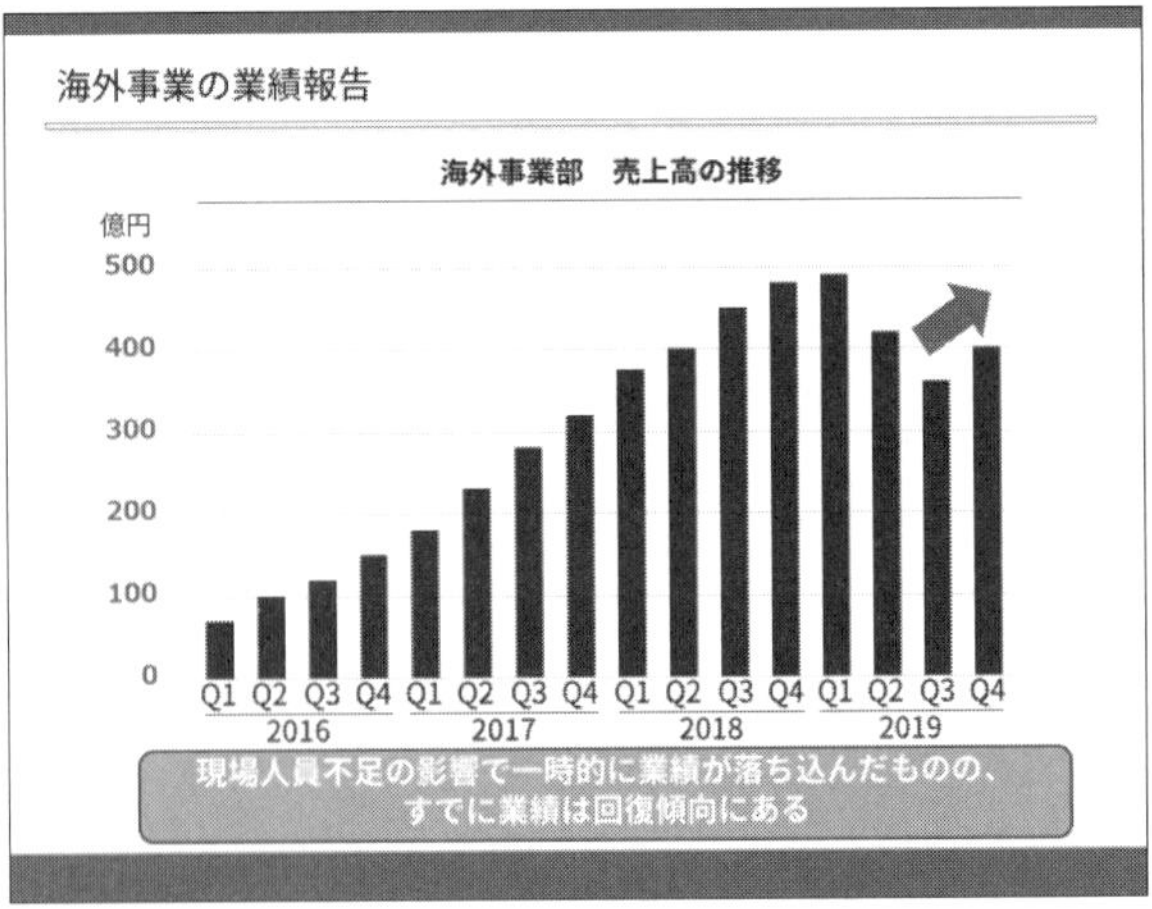

最後に、矢印を活用した例をもう1つご紹介します。

図3－18は、市川さんの会社の海外事業の売上高の内訳を示しています。市川さんはこのスライドを通して、アジア事業が成長していることを伝えたいようです。

図 3-18　海外事業の売上高の内訳を示したスライド

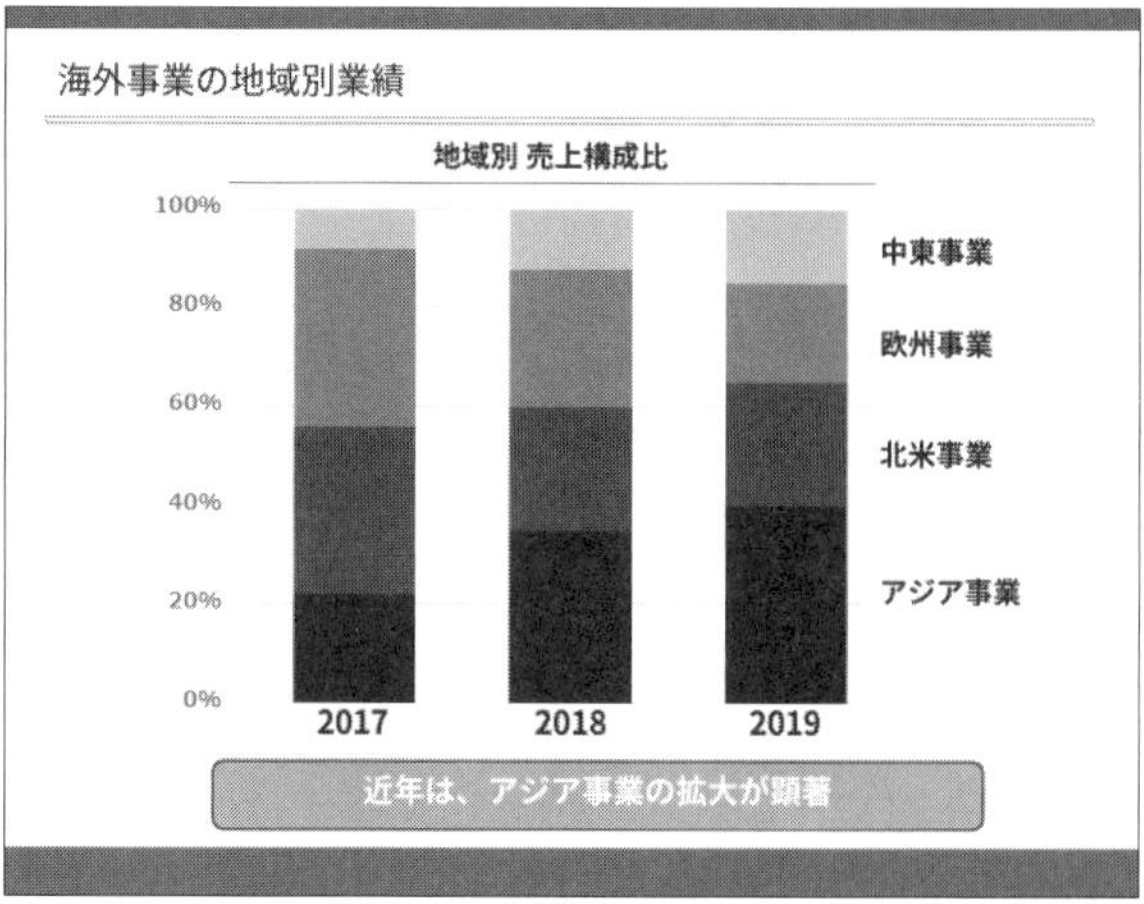

図 3-19 「アジア事業の拡大」というメッセージを強調

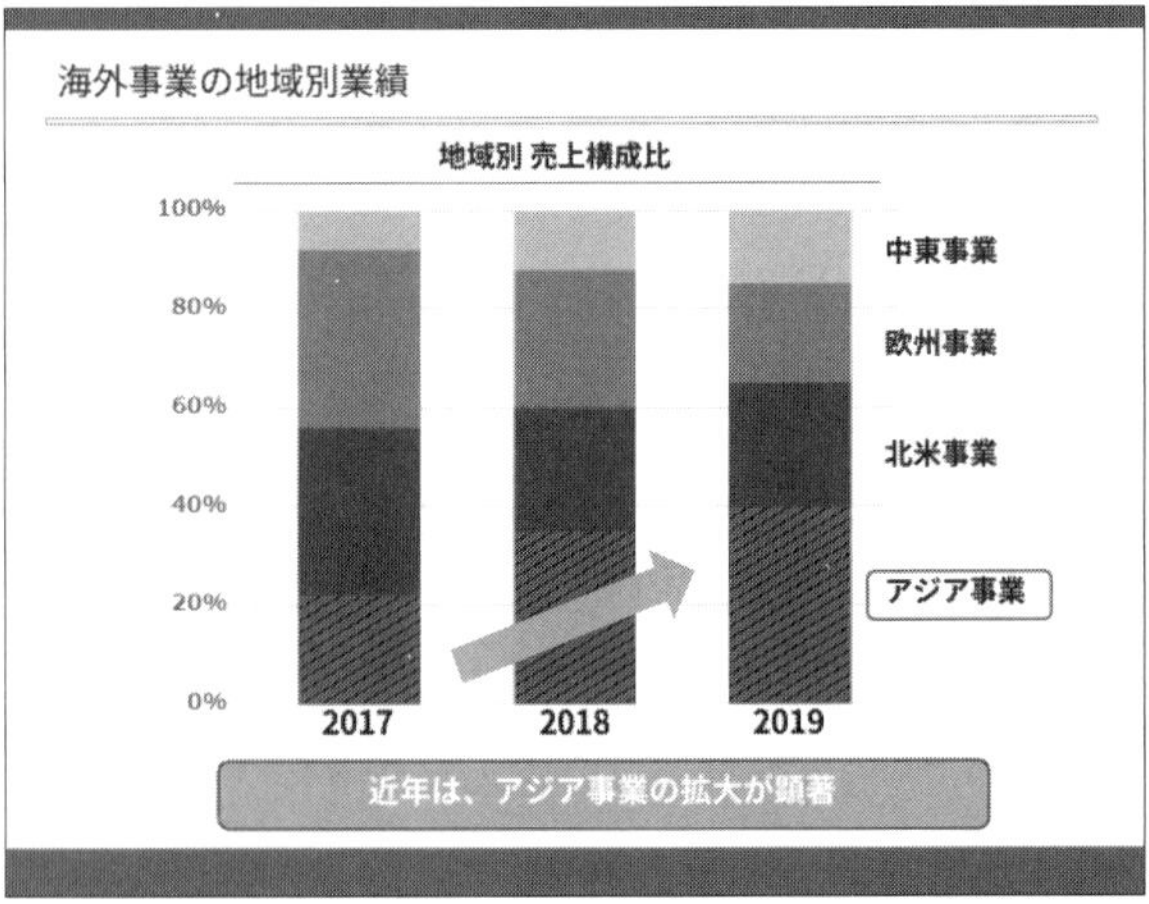

もし、コンサルが市川さんのスライドを10秒で分かりやすく修正するのであれば、図3－19のように加工します。スライドのメッセージである「近年は、アジア事業の拡大が顕著」を強調するために、アジア事業に関するグラフの色を目立つ赤色（本書では斜線）に変更し、矢印を配置しています。

今回の宿題

売上や来店者数の推移に関するものなど社内にあるグラフを手元に用意し、それにメッセージをつけるとしたら、どのように矢印を追記するかを考えてみましょう。

8 文字が多い資料は、コマ割りで手間なく修正

ここまでで、スライド作成の4つのステップとそれぞれで使えるテクニックを紹介してきました。ゼロからスライド作成をする際はここまでの方法を押さえておけば、上司からひどいダメ出しを受ける可能性は低いでしょう。

では、過去に作ったスライドや他人から送られてきたスライドを修正したいときにはどうしたらよいでしょうか。まるごと作り直すのは大変なので、できれば最小限の手間で改善したいものです。

要改善のスライドとして代表的なものが、説明したいことが多すぎてたくさんの文字を詰め込んでしまったスライドです。文字が多すぎるスライドはプレゼンがしにくいし、プレゼンを聞く側にとっても要点をつかみにくいものになりがちです。

こんなときに使えるのが、第3章**5**でも取り上げたコマ割りの考え方です。ここではコマ割りの考え方を使って、文字が多く説明しにくいプレゼン資料を手間をかけずに修正する

方法を紹介します。

文章を変えずに修正できる

コマ割りを使った修正例を、図3－20に示しました。

上にある修正前のスライドには「現状と本プロジェクトの目的」が書かれていますが、文字が多いために「現状」「本プロジェクトの目的」がそれぞれどこにあるかが一目で分かりません。プレゼン時の説明も、ダラダラと文章を読み上げているように聞こえてしまいます。

内容を変えずに改善したのが下のスライドです。文章の内容はほとんど変えていませんが、「現状」と「本プロジェクトの目的」をそれぞれ1つのブロックとして捉え、上下に分けて配置しています。このように内容のまとまりごとにコマを作って資料の流れを作っています。「現状」「本プロジェクトの目的」を別々のコマとして記載することで、資料のどこに何が書かれているかが分かりやすくなります。さらにこれを基に話すことで、自然にメリハリのきいたプレゼンになります。

スライドの中央には矢印（三角形のアイコン▼）を付けました。「現状」があったから「本プロジェクトの目的」が生み出されたという印象を聞き手に与えることができます。因果関

図 3-20　コマ割りを使ったスライドの修正例

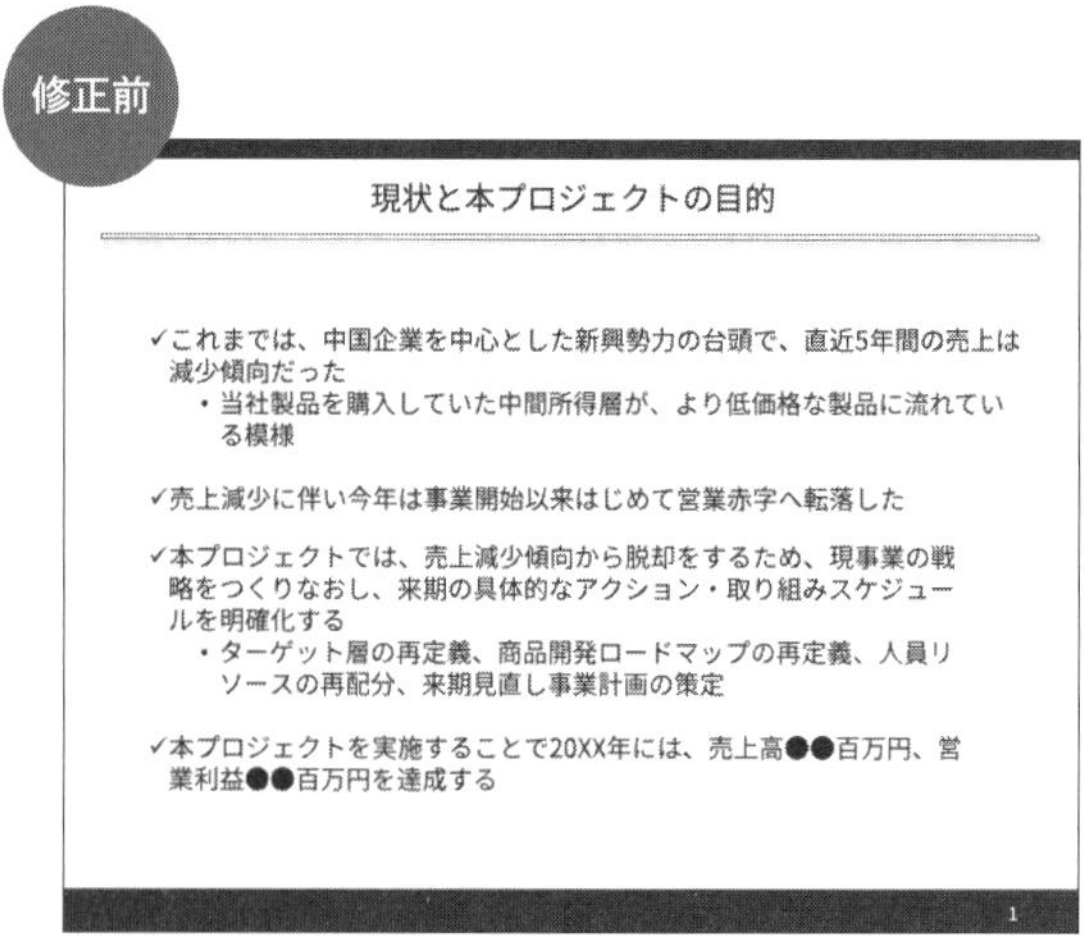
修正前
現状と本プロジェクトの目的
✓これまでは、中国企業を中心とした新興勢力の台頭で、直近5年間の売上は減少傾向だった
・当社製品を購入していた中間所得層が、より低価格な製品に流れている模様
✓売上減少に伴い今年は事業開始以来はじめて営業赤字へ転落した
✓本プロジェクトでは、売上減少傾向から脱却をするため、現事業の戦略をつくりなおし、来期の具体的なアクション・取り組みスケジュールを明確化する
・ターゲット層の再定義、商品開発ロードマップの再定義、人員リソースの再配分、来期見直し事業計画の策定
✓本プロジェクトを実施することで20XX年には、売上高●●百万円、営業利益●●百万円を達成する
1

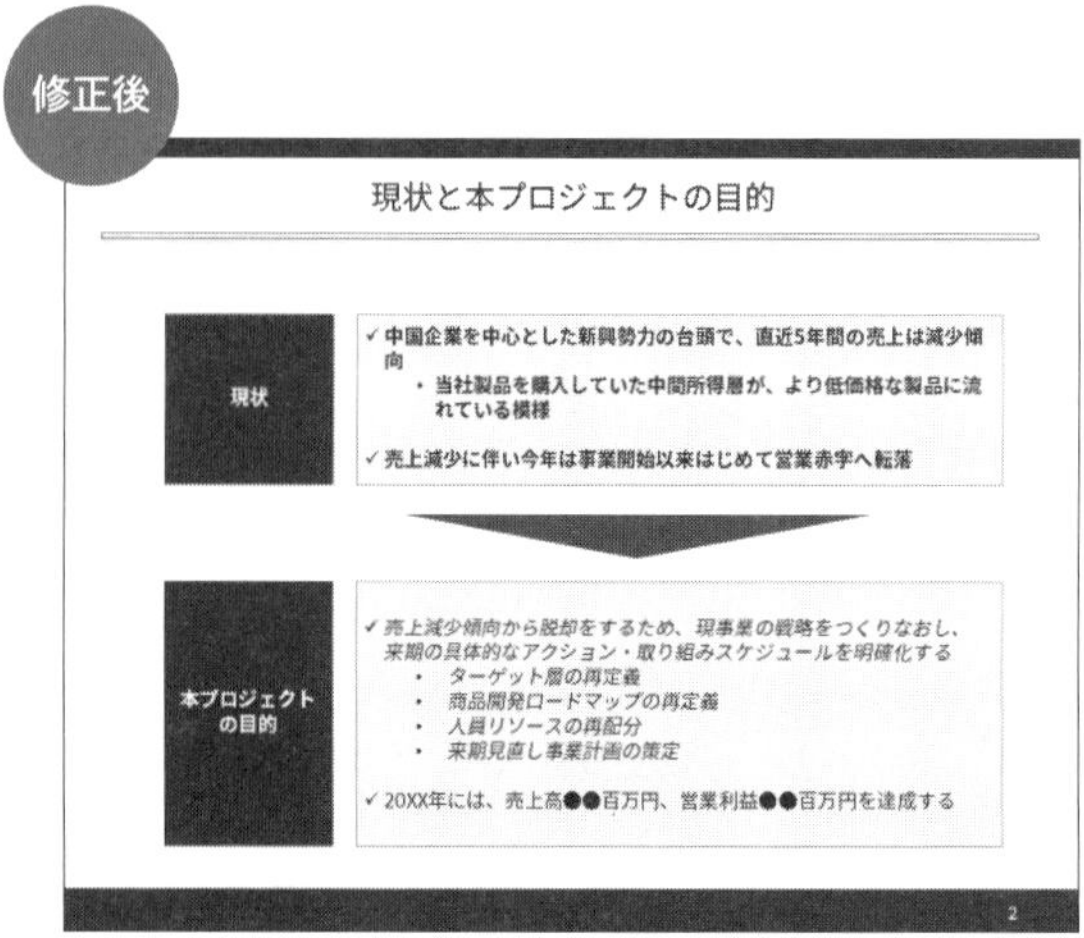
修正後
現状と本プロジェクトの目的
現状
✓中国企業を中心とした新興勢力の台頭で、直近5年間の売上は減少傾向
・当社製品を購入していた中間所得層が、より低価格な製品に流れている模様
✓売上減少に伴い今年は事業開始以来はじめて営業赤字へ転落
本プロジェクトの目的
✓売上減少傾向から脱却をするため、現事業の戦略をつくりなおし、来期の具体的なアクション・取り組みスケジュールを明確化する
・ターゲット層の再定義
・商品開発ロードマップの再定義
・人員リソースの再配分
・来期見直し事業計画の策定
✓20XX年には、売上高●●百万円、営業利益●●百万円を達成する
2

係を矢印（▼）で示すことで、説明に〝流れ〟を作り出しています。

これは、論理的に話を展開したいときには特にお勧めの方法です。ほかにも、次のようなケースで効果的に使えます。

コマ割りで流れを作る方法が効果的な例

- 「原因」→「結果」
- 「背景」→「取り組み内容」
- 「目的」→「施策・アクション」
- 「前回」→「今回」
- 「基本ケース」→「応用ケース」
- 「仮説」→「結論」
- 「狙い」→「結果」

コマの流れを作ることを意識する

このように、プレゼン資料を作るときは伝えたいことをコマで小分けにして関係性を整理しましょう。そのまま頭の中の内容を文字で書き下ろしてはいけません。まずコマに分け、コマの流れを作ることを意識します。

流れを表現するレイアウトは1つではありません。「調査結果（1）」「調査結果（2）」の2つのコマを横に並べ、下に「結論」のコマを置くといった応用パターンもあります。上下ではなく左右にコマを並べ、横方向の矢印でつないでもよいでしょう。

最後に、資料の改善例をもう1つご紹介します。筆者の専門である、企業買収とその後の企業価値向上についての資料です。図3－21をご覧ください。

修正前もコマには分かれていますが、それぞれがバラバラに配置されている印象を受けます。この資料で何を伝えたいのかが一見しただけでは分かりません。

同じ文章を使っているものの、修正後は印象が大きく異なると思います。修正後は資料の内容に流れができているのです。「企業価値向上要素」から「取り組みカテゴリ」が考え出されたのだと、見る人に感じさせることができます。

図 3-21　コマ割りを使ったスライド修正の応用パターン

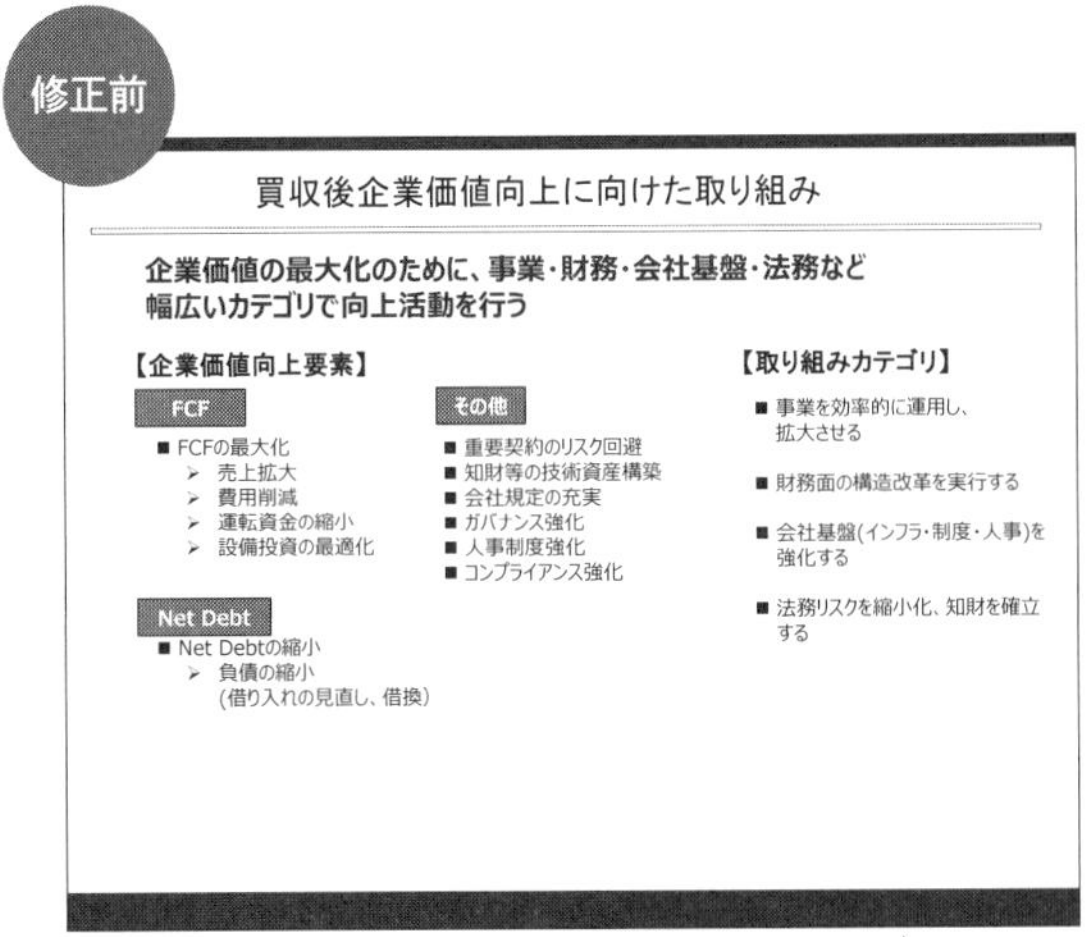

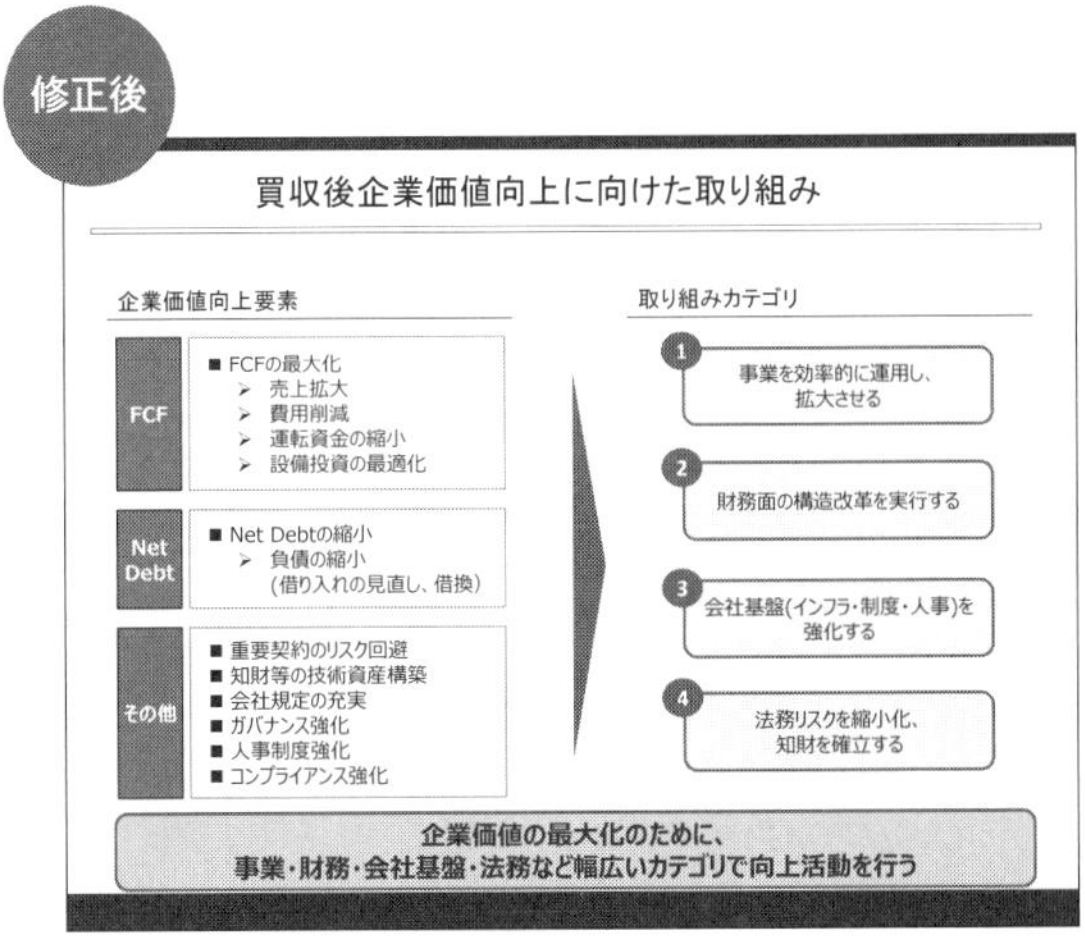

このようにコマ割りの考え方を使えば、文章の中身に大幅に手を入れなくても一目で分かりやすい資料に変身させられます。プレゼン資料作成時にはぜひ意識してみてください。

今回の宿題

文字が多いスライドを見つけ、コマ割りの考え方でレイアウトし直してみましょう。

9 聞き手がイライラする「枚数が多すぎるスライド」には地図を入れる

文字が多すぎるスライドと並んでよくあるのが、「枚数が多すぎるスライド」です。枚数が多すぎると、聞き手に次のようなストレスを与えます。

- 資料の枚数が多すぎて、聞いていて全体像が見えない
- どう結論につながるのか分からない説明が多く、イライラする
- 聞いていて迷子になる。各スライドの内容のつながりが見えない

こうしたスライドを、短時間で分かりやすく構成し直すにはどうしたらよいか。そのテクニックを紹介しましょう。

冒頭にエグゼクティブサマリーを追加する

スライドの枚数が多くなってしまったときは、プレゼンの冒頭にサマリー（まとめや結論）のスライドを入れるとよいでしょう。このサマリーを「エグゼクティブサマリー」などと呼びます。

エグゼクティブサマリーでは、プレゼンの内容をテーマや目次などで項目分けし、項目ごとにサマリーを記載するとよいでしょう（図3－22）。

各項目には番号を付けるとよいでしょう。ここでは、「①市場」「②競合」「③商品スペック」「④収益計画」と4項目に分け、番号を付与しています。

後に続く本編スライドの右上には、対応する番号を記載します（図3－23）。これによってどのスライドがどの項目に該当するのか明確になり、全体のプレゼンの中で今何を話しているのか、何をメッセージとして伝えたいのかを聞き手が把握できます。

各スライドに小さな〝地図〟を入れる

エグゼクティブサマリーでプレゼンの全体像を示せば、聞き手はより迷子になりにくくな

図 3-22　プレゼンの冒頭に追加するサマリーの例

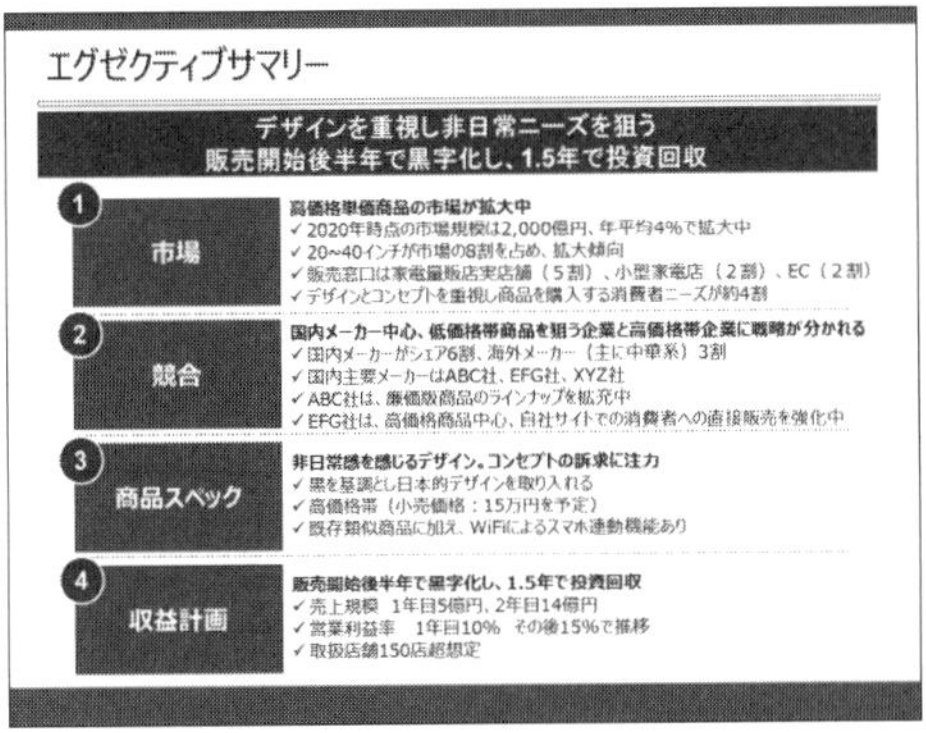

図 3-23　サマリーで定めた項目番号を、後に続くスライドに付与

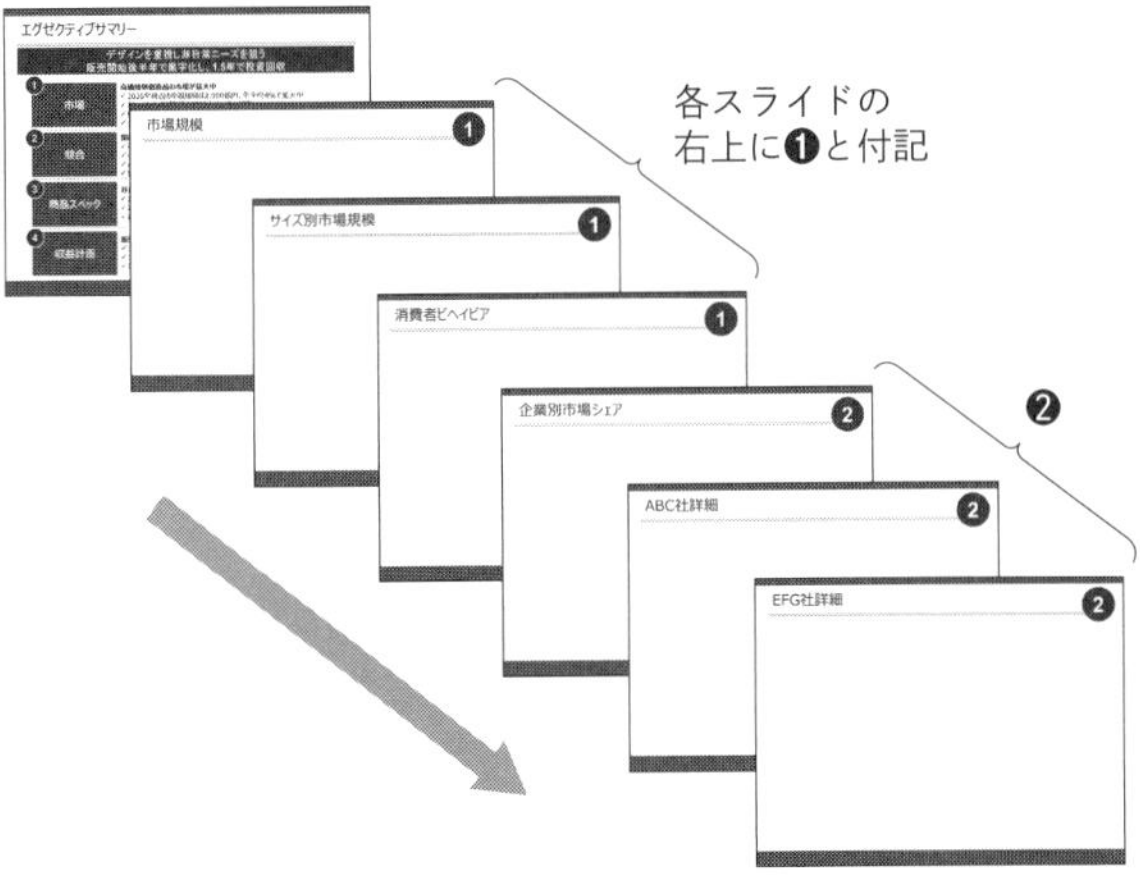

図 3-24　各スライドで現在地を示し (上)、スライドの右上に〝地図〟を付ける (下)

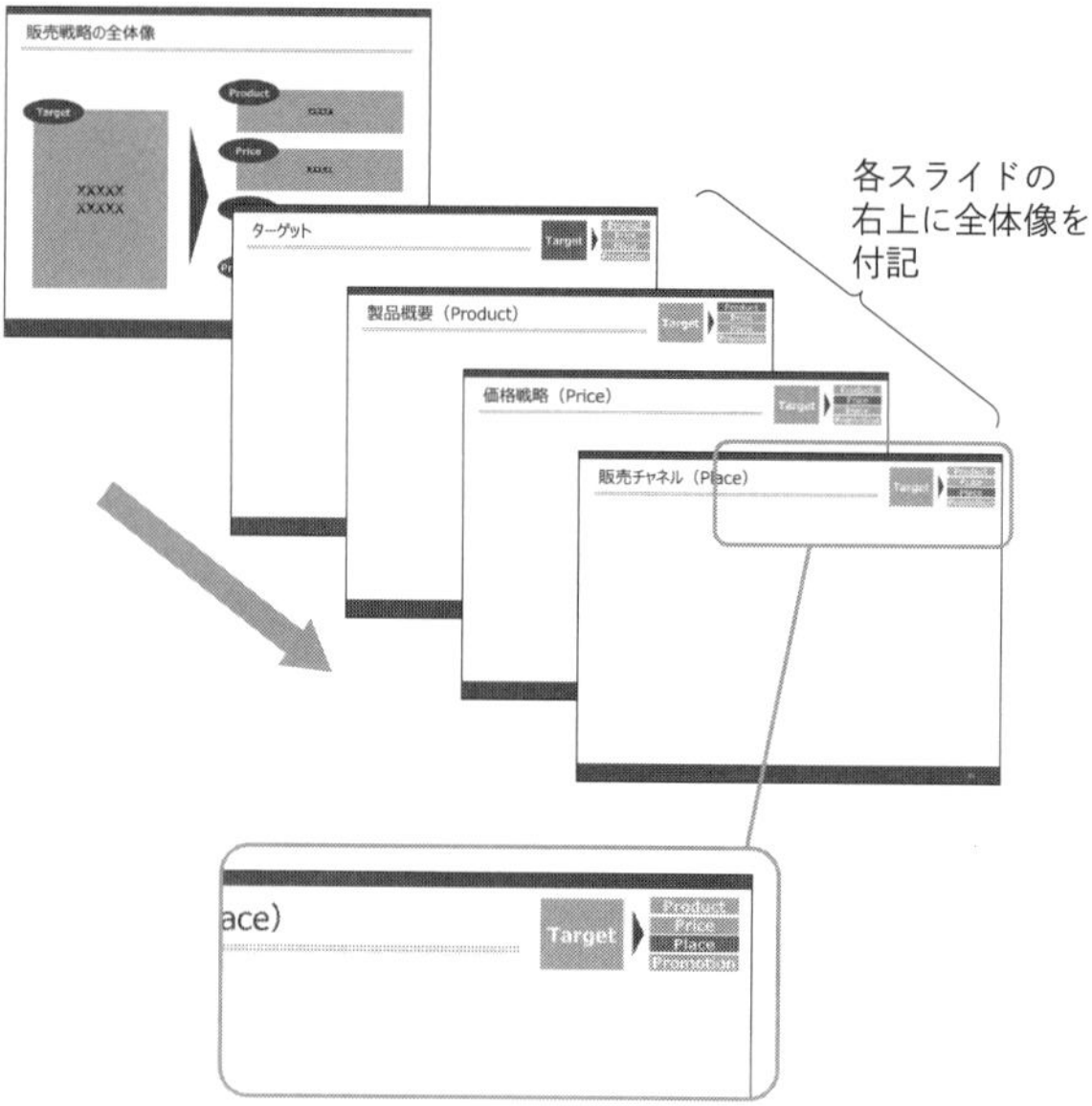

ります。各スライドを簡潔に要約した上で、それぞれの位置付けを概念図で示します。コマ割りの考え方を使ってサマリーの文章を視覚的にレイアウトし、各コマの中に後に続くスライドの要旨を記入します。

後に続く本編のスライドでは、右上に概念図の縮小版、いわば〝地図〟を貼り付けます。現在のスライドの内容が概念図ではどこに当たるかをはっきりさせます（図3－24）。

こうすれば、聞き手は冒頭でプレゼンの全体像を把握できます。本編に入ったら、現在のスライドが全体のどこに該当するのかを認識しながらプレゼンを聞けるようになります。長いプレゼンの途中で聞き手を迷子にさせてしまい、集中力を途切らせたり興味を失わせたりすることを防げます。

多すぎるスライドを作ってしまった場合、プレゼン全体を見直し簡潔に作り直す方法ももちろんあります。しかし、そんな時間がないケースも少なくないでしょう。できるだけ手間をかけずに分かりやすくしたいときは、この方法を試してみてください。

今回の宿題

社内で閲覧可能な長いプレゼンを見つけ、自分ならどう〝地図〟をつけるか考えてみましょう。

第４章

オリジナリティーある資料は作らない

[定型化編]

ここまで、力を抜いて説明をするために、思考のフレームワークや使い慣れた鉄板の構成を利用することが重要だと説明してきました。しかし、1つの枠組みだけを使うのには限界があります。ビジネスで直面する多様なケースに対応しきれません。

脱力系説明スキルを持つ人は、複数の使い慣れたパターンを持っており、それを状況に合わせて使い分けています。例えば議事録を作成する際にも、目的に応じて使い分けています。プロジェクトの今後のスケジュールを説明する際も、相手に合わせて複数のパターンを繰り出します。

複数といっても、3つほどパターンを体得しておけば幅広い状況に対応できます。ここでは、多くのビジネスパーソンが作成するであろう「議事録」「スケジュール」のテーマを取り上げ、ぜひ覚えておきたい3つのフレームワークを紹介します。

1

議事録作成は鉄板フォーマットで効率化

今日の部内会議の内容を理解できたかな？議事録作ってみてくれるかね？
もちろんです！
ちゃんと会議の内容を示さなきゃ。役員会議議事録みたいに、話されたことを漏らさず書こう
1時間の会議の内容をまだまとめているのか。たかが内部議事録。早く次の仕事に取りかかってくれ
カタカタ
パチパチ
パチパチ
カタカタ

会議につきものなのが議事録。業務が忙しい中で、議事録作成に多くの時間を取られている方も少なくないでしょう。

第1章でも登場したIT部門の宇田川さんは、課長からキックオフミーティングの議事録作成を依頼されました。宇田川さんはじっくり推敲《すいこう》を重ねた上で、ミーティングの2日後に議事録を提出しました。しかし課長からは苦言を呈されてしまいました。

これはよくある光景です。せっかく時間をかけて丁寧に作った宇田川さんの議事録は、何がいけなかったのでしょうか。宇田川さんは議事録作成時に求められる重要な要件である、「スピード」が足りていなかったのが問題でした。

品質よりもスピード優先

筆者が議事録を作成する際に最も重視するのは、議事録の鮮度です。ビジネスにおける議事録の重要な役割の1つは、ミーティングで決まったことが何かを明らかにして、関係者間で共通認識を持つことです。中でもネクストアクション、つまりTo Do（次にすべきこと）をはっきりさせることで、次の行動を素早く取れるようになります。

すなわち、議事録を早く完成させて配布しなければネクストアクションを皆で共有するタイミングが遅くなってしまいます。すると、メンバーに迷惑がかかり、作業の進捗にも悪影響を与えてしまいます。

議事録作成に不慣れな人は、議事録の品質を高めるために時間を費やしてしまいがちです。しかし、議事録とは既に発生した過去の出来事を記載するものです。いくら時間をかけて作成しても、内容を良くするには限界があります。**議事録は他の仕事とは異なり、時間をかけても、品質が大幅に向上したり得られる情報やメリットが大きくなったりすることはありません。**すなわち、議事録を作成することにそれほど時間をかける必要はないのです。

議事録の3つのパターンを意識する

議事録の作成スピードを高めるには、どのパターンの議事録を作成するか、ミーティングが始まる前に上司と確認しておくことをお勧めします。ここでは典型的な3つの議事録のパターンを紹介します。図4－1をご覧ください。

パターン1　To Do型

最も内容がシンプルで、作成時間を短縮できる議事録です。ミーティング内の議論の経緯

図 4-1　議事録作成の 3 つのパターン

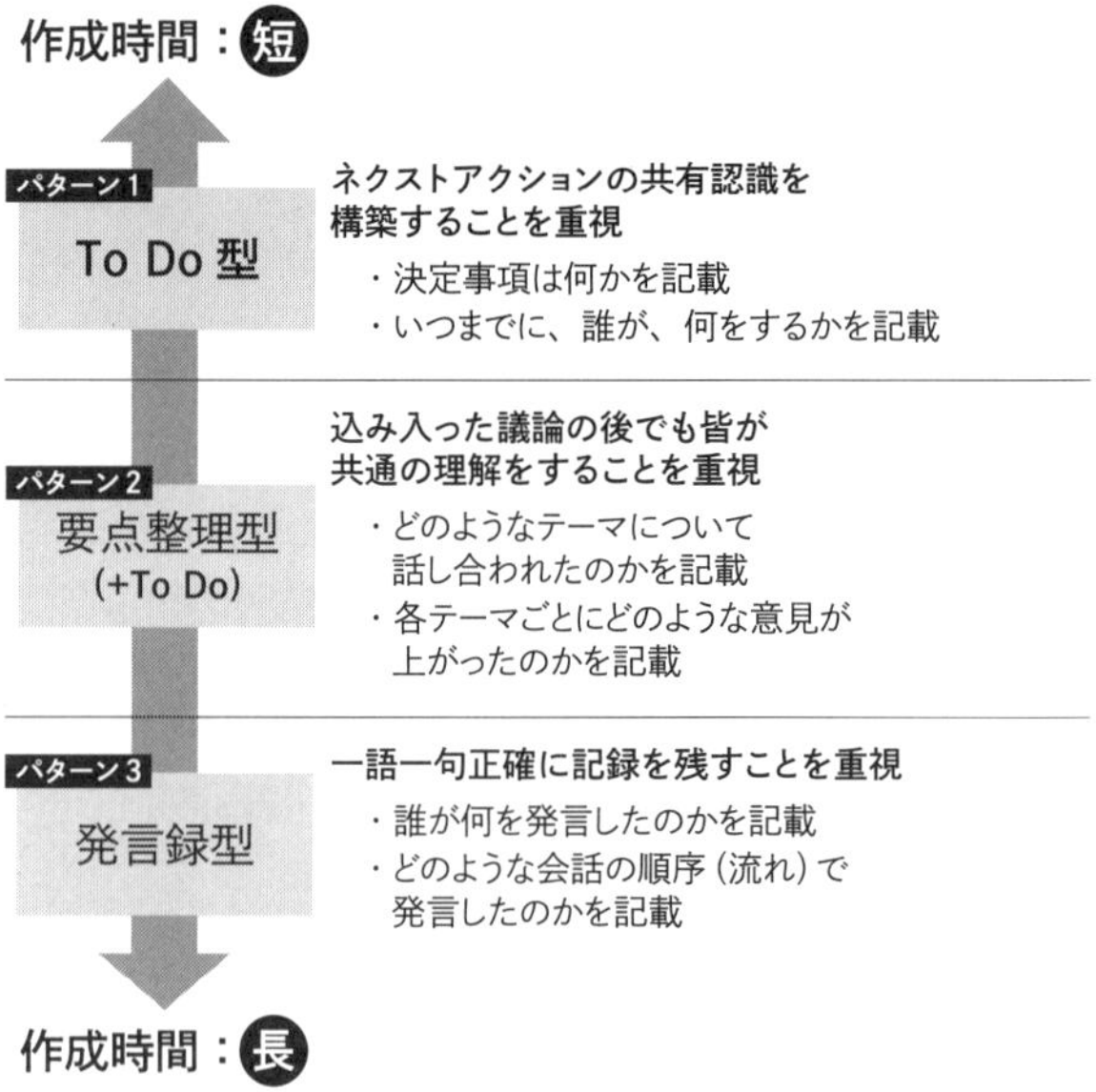
作成時間：短
パターン1
To Do 型
ネクストアクションの共有認識を
構築することを重視
・決定事項は何かを記載
・いつまでに、誰が、何をするかを記載
パターン2
要点整理型
(+To Do)
込み入った議論の後でも皆が
共通の理解をすることを重視
・どのようなテーマについて
話し合われたのかを記載
・各テーマごとにどのような意見が
上がったのかを記載
パターン3
発言録型
一語一句正確に記録を残すことを重視
・誰が何を発言したのかを記載
・どのような会話の順序（流れ）で
発言したのかを記載
作成時間：長

は記さずに、結論として決定事項やネクストアクションのみを記載します。

仕事で上司から「議事録を作成しておいて」と声を掛けられた場合、その上司の真意は「ミーティングの中で決まったネクストアクションをメモしておいて」であるケースが多くあります。上司から議事録の作成を依頼された場合には、まずはこのパターン1の方法（すなわちシンプルな方法）でもよいか確認するとよいでしょう。

パターン2　要点整理型（＋To Do）

込み入った議論の内容を、テーマごとに構造化して整理する議事録です。決定事項だけでなくミーティング中の議論の経緯についても記載するので、パターン1よりは作成に時間がかかります。

ただし、このパターンでは議論の内容をすべて記録する必要はありません。テーマごとに大項目を設定して議論の内容を簡潔に記載します。

パターン2は、議論が紛糾したり明確な結論が出なかったりしたミーティングで有効です。議事録の読み手が複雑な議論について理解を深めたり、後から議論の経緯を振り返ったり、その議論を基に次の会議で結論を出したりするときの材料になるからです。

パターン3　発言録型

ミーティングでの発言を一言一句記す議事録です。特に、誰がどのような発言を行ったのかを公式の記録として残したい場合に用いられます。日常の業務では、パターン3が必要なミーティングはほとんどないでしょう。

議事録の作成に時間をかけてしまう人は、このような発言録型の議事録を作成しがちです。そうした人は、本当にそれが必要なのか改めて見直すとよいでしょう。多くの場合は、より短時間で作成できるパターン1やパターン2の議事録で代替可能なはずです。

自分の言葉で説明を補足する

もう1つ、議事録作成のポイントを紹介します。議論の中身を一言一句忠実に記載すべしと考え、作成者自身の言葉を交えずに議事録をまとめる人がいます。それでは時間がかかりますし、分かりやすい議事録にならないことが少なくありません。

発言を忠実に記録することは、誰が何を発言したかを重んじるタイプ3の議事録では必要です。一方で、パターン1やパターン2の議事録は、ネクストアクションや要点を整理して

図4-2　パターン2の要点整理型議事録のフォーマット

分かりやすく記載することが重要です。議事録作成者が自分の言葉を使ってミーティングの内容を整理したり説明を補足したりすることは、むしろ大切なのです。

コンサルが使う鉄板議事録フォーマット

ここまで、3つのパターンの議事録を紹介しました。スピードを重視しながら議事録の機能を生かすために、筆者をはじめとしたコンサルが用いるのは主にパターン2の議事録です。

筆者はよく事業計画の検討会議に参加しますが、こうしたミーティングではさまざまな立場や視点の意見が複雑に飛び交います。参加者の理解にズレが生じることを防ぎ、皆が足並みをそろえて素早く次のアクションを開始できるようにするために、フォーマットを用いて議事録を作成します。

もしどんな議事録を作成すべきか迷った場合には、まずはパターン2を選択してこのフォーマットを活用してみてください（図4－2）。これに沿って作ればパターン2の議事録が出来上がりますし、ここから「要点整理エリア」を取り除けば、パターン1の議事録になります。

今回の宿題

次の会議の議事録をもし自分が作成するならどのタイプが最も適切か、理由をつけて考えてみましょう。

2 スケジュール作成法3つ、計画があいまいなときに向くのはどれ？

プロジェクト開始時の重要作業の1つがスケジュール作成です。まだ始まってもいないプロジェクトについて、先々の見通しを示すのは容易な作業ではありません。

宇田川さんは、新しい業務プロセスの導入推進を担当することになりました。プロジェクトの全体の流れを経営陣に説明するために資料を作っています。プロジェクトリーダーから「今後のスケジュールも説明資料に入れておいて」と頼まれました。

スケジュールといってもプロジェクトは開始前で、宇田川さんは何を書けばよいかイメージがつかめません。しかもこのプロジェクトは1年を超える大型のもので、1年後の計画などは想像がつきません。具体的にどこまで書くべきか悩んでしまいました。

こんなときの対処法として、シンプルなスケジュール作成方法を紹介します。「何かしらのスケジュールを資料に入れて説明しなければならない」ときにコンサルが使うフレームワークです。

3つのスケジュール作成方法

コンサルがスケジュールを説明するためにスライドを作る時、大きく3つのパターンから最も適したものを選び出します（図4－3）。

詳細なスケジュールの情報を持っていないときや経営陣に説明をするときは、なるべくシンプルなものを選びます。全体像を示すことを重視し、大まかな流れ・所要期間を月単位で記載します。これが上図の「❶方針レベル」に当たります。

一方で、詳細な情報を持っていたり実務担当者に説明したりするのであれば、WBS（Work Breakdown Structure）など日次でタスクが把握できる詳細なものを選びます。図4－3では「❸デイリーアクションレベル（WBS）」と記載しています。

❶と❸の間は「❷マイルストーンレベル」です。進捗報告などの主要なマイルストーン（中間チェックポイント）を意識して、それまでに何を完了させるかを示しています。経営陣向けの重要会議や、プロジェクト途中の進捗報告などの際に❷がよく選ばれます。

図 4-3　スケジュール作成の 3 つのパターン

具体化できないなら「方針レベル」を使う

❶方針レベルは、スケジュールの説明資料を作らなくてはならないが「まだ具体的に決まっていない、将来のことすぎて内容が思いつかない」といった場合に活用できる方法です。コンサルはまず、先に作成する資料の枠組みを考え、それを見ながら書くべき中身を無理やりにでも絞り出します。一例が図4－4の上です。

「矢羽」と呼ばれる矢印のような形のブロックを横に並べることで、流れを表現しています。ここでは、プロセスの流れを書きます。例えば「企画→開発→設計→量産」や、「課題把握→改善策検討→改善実行」などです。その上で、各プロセスがいつごろ終わる見込みなのかを矢羽の右上に丸い図形で記載しています。この例の通り、「●月末」など大まかで構いません。

重要なのは、このようなフレームワークを使うことで、最初は思いつかなかったスケジュールを考えながら埋めていけるということです。まず、「企画→開発→設計→量産」など大きなプロセスの流れを考えたら、プロセスごとに何をするのかを箇条書きで数個ずつ書き出します（矢羽の下）。箇条書きの内容も踏まえて、各プロセスをいつまでに終わらせる

図 4-4 「方針レベル」のスケジュール

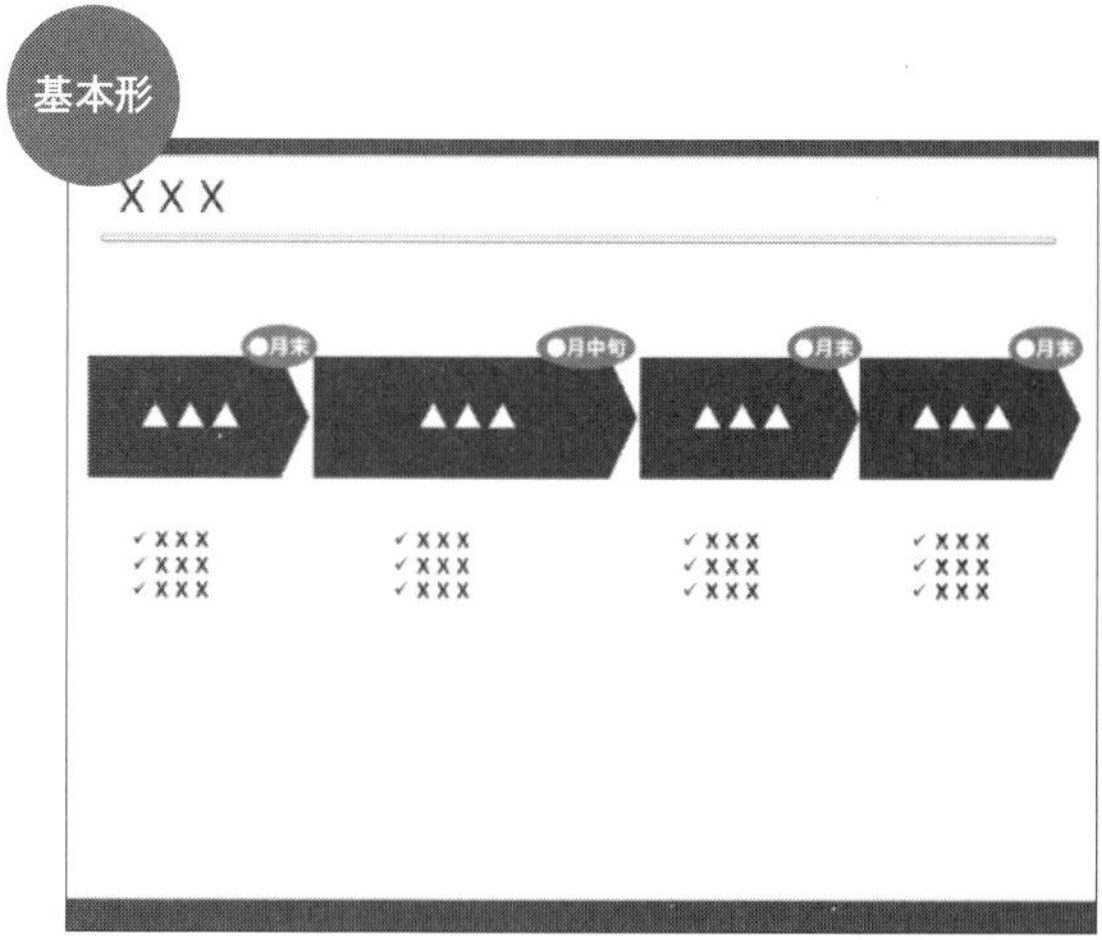

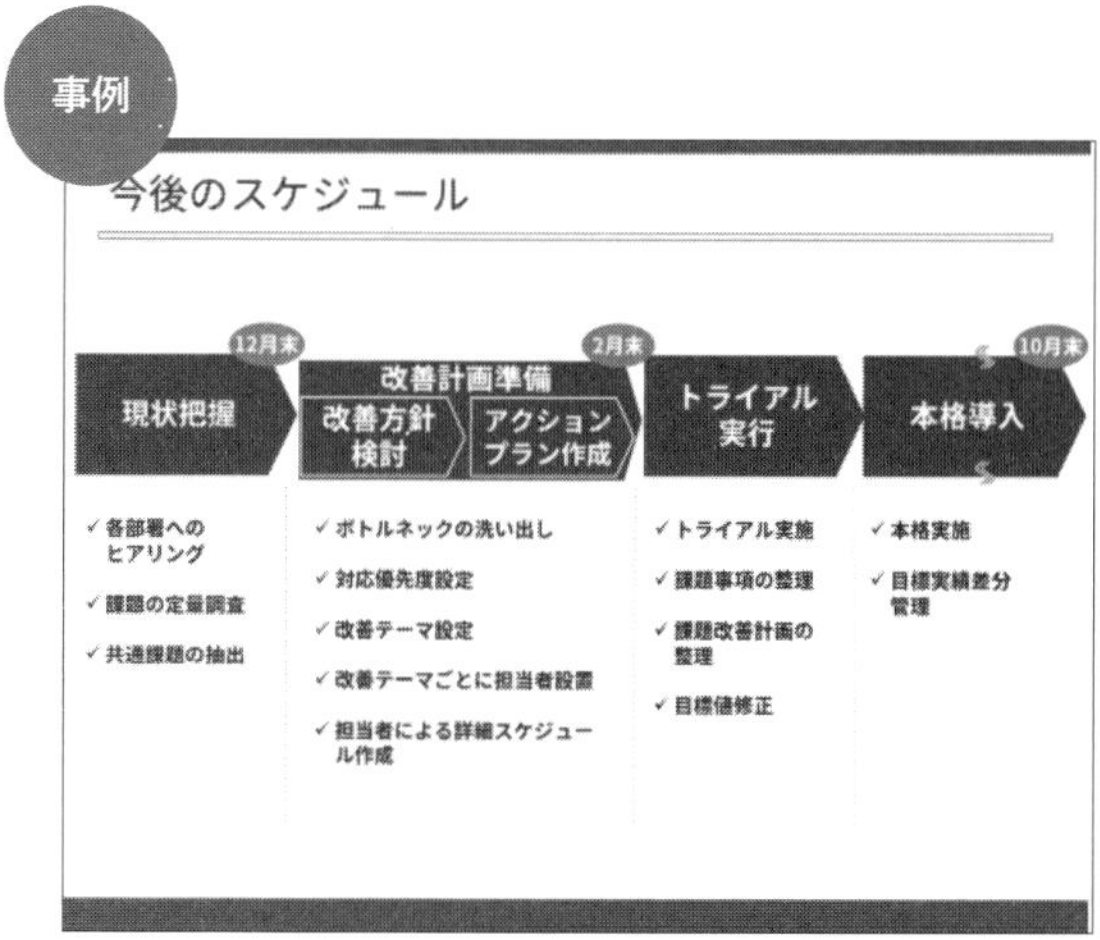

のかを考えます（矢羽右上の丸い図形）。

このようにフレームワークを用意してそれを埋めていく意識を持つと、何を書くべきか思いつかなかったスケジュールも資料としてまとめられるようになるでしょう。

あいまいなままでもスケジュールは作れる

最後に、このフレームワークを使ったスケジュール例をご紹介します。図4－4の下をご覧ください。

必ずしも矢羽の長さは実際の期間に合わせる必要はありません。例えば実際は3カ月かかるプロセスと5カ月かかるプロセスの矢羽の長さは、3対5でなくても構いません。WBSのように、実際の所要期間に合致するように矢羽の長さを調整する必要はないのです。あくまで「どのようなプロセスが発生し、それはいつごろ終わる予定か」が分かればよいのです。

またこの例では、「改善計画準備」について矢羽を2つに分けて記載しています。期間が長くなったり、1つのプロセスの内容が大きかったりする場合には、このように記載することもできます。

「トライアル実行」の矢羽の右上には丸い図形を配置していません。どの程度の期間が必要か分からないあいまいな予定の場合には、このようにあえて期日を示さないという方法もあります。プロセスの期日をあいまいにしたままでも、見栄えがよい資料として説明できるのもこのフレームワークの特徴です。

スケジュールを資料に入れて報告しなくてはならないときは、ぜひこれら3つを使い分けてみてください。

今回の宿題

現在自分が担当している仕事について、今後3カ月後までのスケジュールを想像してください。そのうえで、❶方針レベル、❷マイルストーンレベルのそれぞれの方法でスケジュールを手書きで作成してみましょう。

3 頼りがちなＷＢＳ。ＷＢＳよりも適したスケジュールとは？

前節で、スケジュール作成の３つのパターンを紹介しました。その理解度チェックのために、１つ問題を出します。

問題

あなたは、中堅メーカーのＩＴ部門で働いています。社内の販売管理システムの刷新プロジェクトに、メンバーとして参加することが決まりました。チームでのミーティングを何回か行った後、あなたはチームリーダーから「関係部署に伝えたいから、スケジュールを作ってみて」と依頼されました。前回紹介したスケジュールの３つのパターン、①方針レベル、②マイルストーンレベル、③デイリーアクションレベル（ＷＢＳ）

のうち、どれを使いますか？

正解は、「②マイルストーンレベル」です。

今回のケースでは、「②マイルストーンレベル」が良いでしょう。既にチームでのミーティングを複数回実施しており、関係部署を巻き込む段階に入っています。「①方針レベル」では、関係各部署の協力を取り付けるには弱いと考えられます。一方で、関係各部署の人員やタスクがまだ明確ではないので、「③デイリーアクションレベル（ＷＢＳ）」を作るには早すぎます。

組織全体の目線でスケジュールを立てる

プロジェクトのスケジュールを立てると聞くと、すぐにＷＢＳを思い浮かべる人がいます。特に、ＩＴ系の仕事をしている人には多い傾向があります。ＷＢＳは、実施すべき作業が何か、誰が担当で、いつまでに完了させるべきかが分かり、多くの有用な情報を含んでいます。

しかし先ほどの問題のケースで必要だったのは、こうした情報ではありませんでした。他部署に共有できるスケジュールが必要でした。

今回のプロジェクトは、ＩＴ部門だけではなくさまざまな部署の協力が必要です。販売管理システムの刷新であれば、営業部、経理部、支店長などが想定されます。

プロジェクトの初期には、システムのユーザーとなる営業部や経理部と密にディスカッションすることで、追加実装したい機能を明らかにしたり、業務への影響が大きい繁忙期や決算期を避けてシステム移行する段取りを組んだりします。稼働が近づいてきたら、販売管理システムにデータ入力をする視点の担当者に使い方を説明することも必要です。

こうした他部署との連携がスムーズにいかなければ、プロジェクト全体が停滞します。だからこそプロジェクトの初期に、ＩＴ部門以外の部署に、いつ何をしてもらう必要があるかを考えて整理し、理解を得ることが大事です。その目線でスケジュールを作る必要があったのです。

筆者のようなコンサルは経営改革プロジェクトや大規模なＩＴプロジェクトの統括を担いますが、やはりプロジェクト開始時に作成するスケジュールはＷＢＳではありません。ＷＢＳを作成するのは、もっと後です。

今回設定した状況でまず考えるべきは、他部署の関与です。プロジェクトの多くは部署内で完結せず、他部署の人の協力を得る必要があるでしょう。「いつ」「何を」他部署にしてほしいかを整理し、分かりやすく伝えることが重要です。

以下の3つの観点を踏まえ、他の部署の人も一目で分かるスケジュールを意識して作成する必要がありました。

スケジュールを作るときの3つのテクニック

1. 各部署がいつ何に関与するのか一目で分かりやすくする
2. 縦軸にテーマ、横軸にスケジュールを表示する
3. 会議など行事の日をマイルストーンと位置付ける

これらのポイントを押さえて作った「②マイルストーンレベル」のスケジュールが図4－5です。

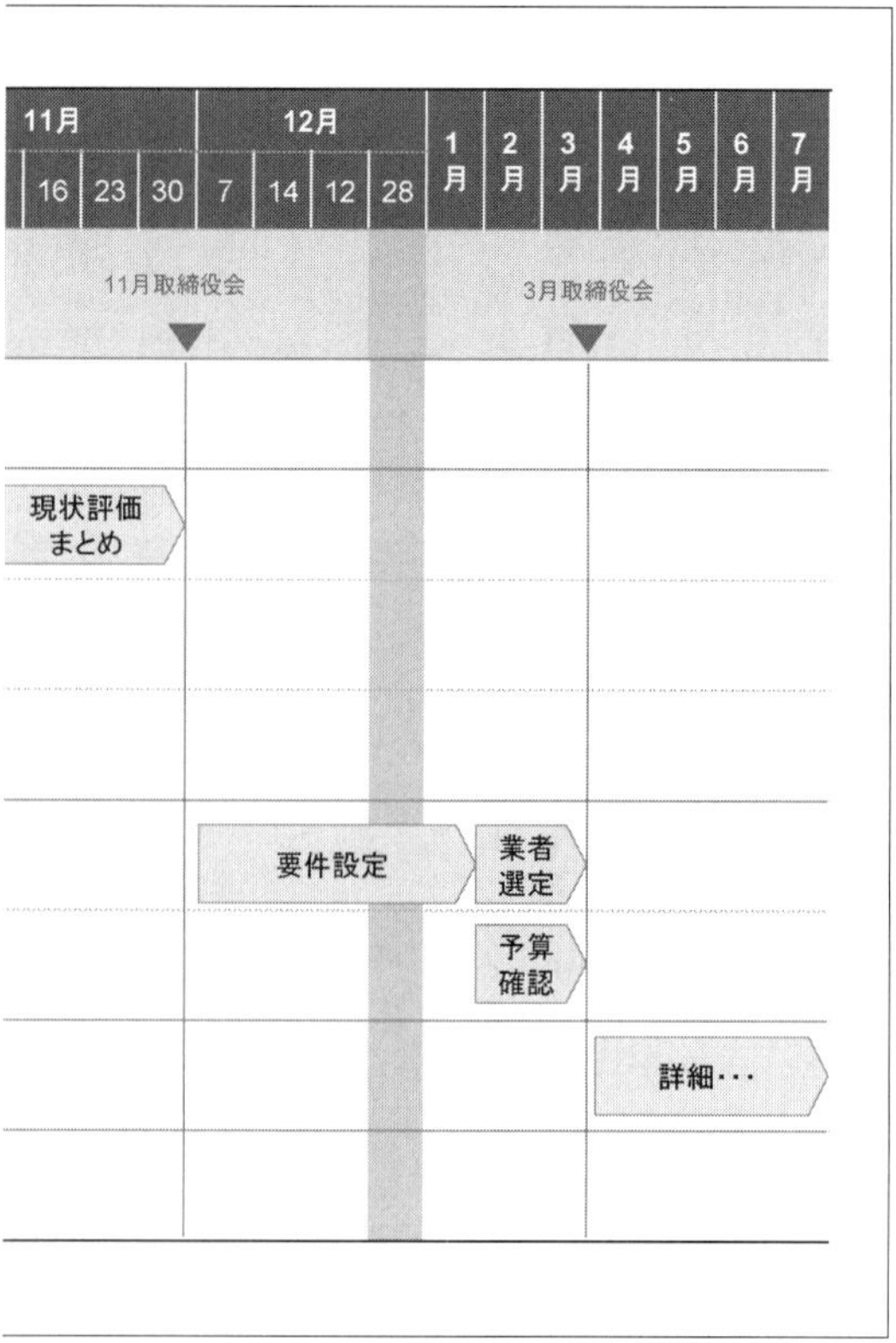
11月
12月
16
23
30
7
14
12
28
1月
2月
3月
4月
5月
6月
7月
11月取締役会
3月取締役会
現状評価まとめ
要件設定
業者選定
予算確認
詳細・・・

図 4-5　プロジェクトの初期に作成するスケジュールの例

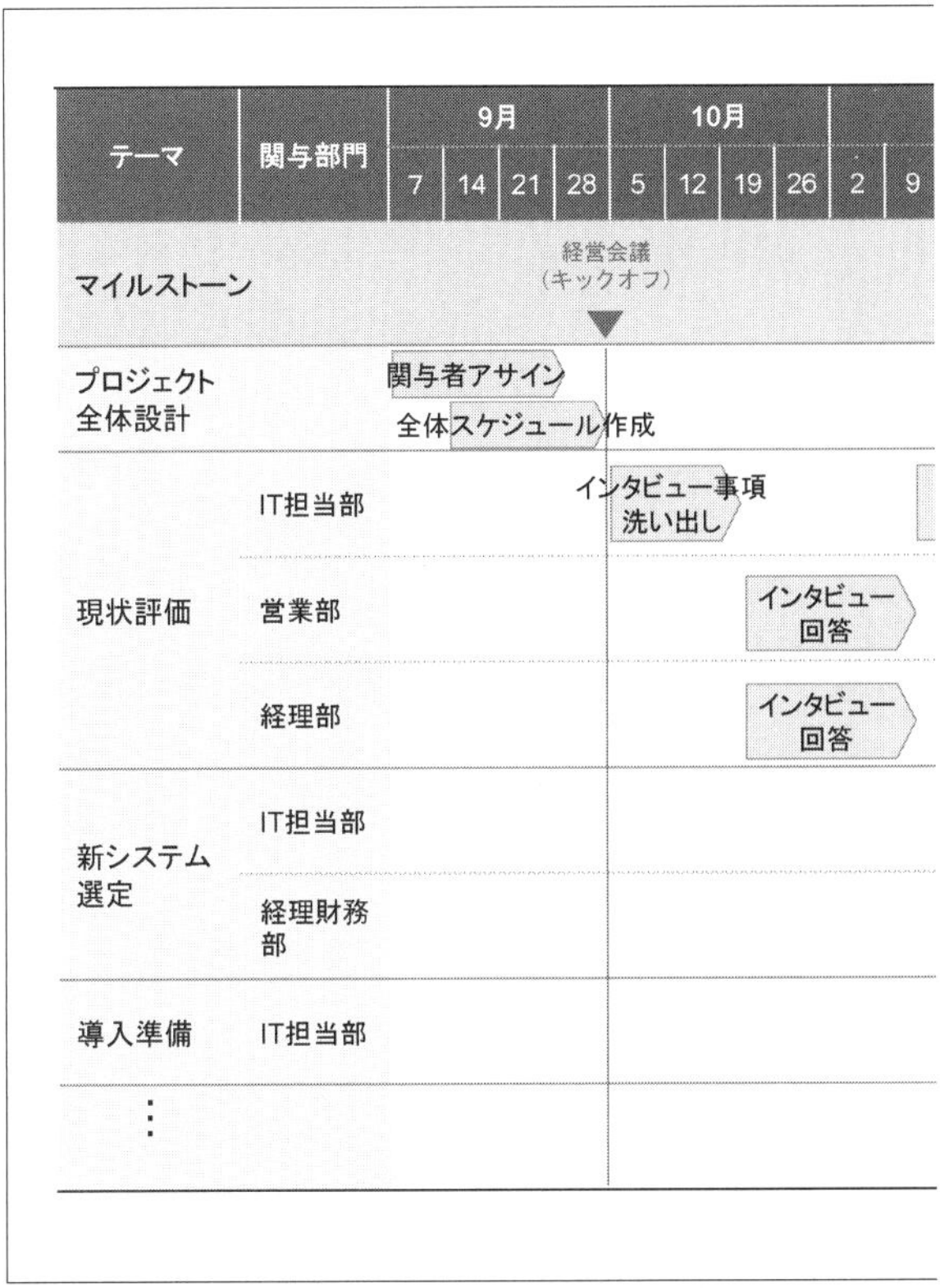

今回作成した「②マイルストーンレベル」について、詳しく解説しましょう。

1．各部署がいつ何に関与するのか一目で分かりやすくする

部署ごとに矢印を引いて、いつ何をすべきか明示しています。

ＷＢＳにも「誰がいつ何をするか」が書いてあるではないか、と思う読者の方もいるかもしれません。しかしＷＢＳでは情報が細かすぎて、他部署の人には「自分たちはいつ何をすればよいか」がすぐに伝わりません。またプロジェクト立ち上げ初期のタイミングでは、関与する担当メンバーが完全には定まっていないケースもあるでしょう。特に、他の部署が関与するケースではなおさらです。

今回の設定のようなプロジェクトの初期に求められるのは、各部署が何をすべきか全体像を見渡せるスケジュールを作ることです。その全体像を基に、徐々に関係部署を巻き込んでいくのです。

2．縦軸にテーマ、横軸にスケジュールを表示する

全体像を見渡せるようにするには、このテクニックが効果的です。この構造にすることで、

どんなテーマでいつごろ何が発生するのかを大まかに捉えやすくなります。初めから細かいスケジュールを作るのではなく、あえてテーマ単位で粗くスケジュールを作ることをお勧めします。他の部署の繁忙時期や、長期休日を踏まえながら実施タイミングを議論します。

3．会議など行事の日をマイルストーンと位置付ける

これは、②マイルストーンレベルのスケジュールを作る際には、ぜひ押さえておきたい点です。関係各部署の稼働のピークが発生するタイミングできちんとすり合わせができるように、重要行事を中間チェックポイントとして明示します。

例えば、経営会議、取締役会、長期休暇などマイルストーンとなる日付を目立つようにスケジュール上にも記載します。これらのマイルストーンに向けて各テーマがどう準備を進めるか、検討しやすくする狙いです。ＷＢＳでは情報量が多すぎて、マイルストーンに向けて関係各部署やどのテーマでどこまで作業するかを議論したりすり合わせたりすることが難しいのです。

今回の設定では、ＩＴ担当として、関連各部署の協力を得るために、各部署の部門長へ「いつまでに何をどこまで完了させなくてはならないか」を説明する必要があります。その

際に、例えば「10月の経営会議までに経理部ではここまで実施してほしい」と伝えれば、経理部長が期日までに頑張って取り組んでくれる可能性が高まることでしょう。

部署横断的なプロジェクトに携わる際は、今回のような目線でのスケジュール作りを意識してみてください。スケジュールの作り方次第で、各部署から協力を得やすくなり、プロジェクトを期日通りに完了できるようになるはずです。

今回の宿題

現在自分が担当している仕事を、新しく後輩も手伝ってくれることになったと仮定します。後輩にきちんと仕事を割り振り、期限内に成果を出してもらうために、どのようなマイルストーンを強調すべきか、考えてみましょう。

第5章

情報収集の網は広げない

[情報入手編]

説明力が高い人は、上手に情報を整理し、相手が必要としている情報をシンプルに伝えることができます。そのコツはここまでいろいろと紹介してきましたが、第5章では伝える内容を作る土台である情報収集の注意点とテクニックについて見ていきます。シンプルな説明を支える大事な要素の1つが、シンプルな情報収集です。情報収集にも、「脱力」が重要です。

説明力が高い人は「相手が必要としている情報をシンプルに提示するためにどのような情報を入手すべきなのか」、情報収集作業の前に手法やスコープを念入りに考えます。そして、情報収集作業を絞り込みます。そうして、実際の情報収集作業は短時間で済ませるのです。

本章では、情報収集の基本的な考え方を説明したうえで、無料で使えるお勧めの情報ソースを紹介します。さらに、効率的に調査・分析を進める方法を解説します。代表的な手法である「ファネル分析」を用いて、商品が売れない原因をどう突き止めていったらよいかを見ていきましょう。

1

情報が多すぎて整理できない！原因は「情報の集め方」に

新製品の企画を任された。
子育て世代向けにこれまでよりも高価格帯で販売を狙うらしい。
ターゲット層
企画プレゼンに含めるために、色々調べてみた。
販売データ
市場レポート
アニュアルレポート
頑張って情報を集めれば集めるほど
うまくまとめられないよぉ～

誰かに何かを説明する前に「詳しく説明するために、情報収集する」というシーンはたくさんあります。代表的なのが次のようなケースです。

●過去にどうしていたのか、前例を調べる
●新しい企画を承諾してもらうために、市場トレンドを調べる
●競合企業の動向を調べる

調べた結果は、口頭で上長に報告するときもあれば、プレゼン資料を作成して報告することもあるでしょう。「情報収集」と「説明」は常にセットでついてくるものです。

シンプルで分かりやすい説明をするには、シンプルな情報収集が大切です。良い説明をするために、張り切って情報をたくさん集めればよいというものではありません。情報を集めれば集めるほど集めた情報の量におぼれてしまい、説明は複雑で分かりにくいものになりがちです。

このようなことにならないように、脱力系説明スキルを持つ人は「仮説思考」を用います。

仮説思考は身近にあり。事前に当たりをつけること

「仮説思考」と聞くと難しそうに思えるかもしれませんが、そんなことはありません。「仮説思考」とは、何かをする前に当たりをつけることだと考えましょう。皆さんが日常的にしている次のようなことも、仮説思考といえます。

●外出前に空を見上げたら黒い雲が出ていたから、傘を持って外出する
●スーパーで夕食の食材を選ぶとき「昨日は肉料理だったから子どもたちは肉以外が食べたいだろうな。良い魚がないか見てみよう」と考え、鮮魚コーナーに足を運ぶ

今日はどんな天気になるか分からないからといって、毎日傘を持ち歩く人はまれです。できるだけ荷物は軽くする、でも「雨が降ったときには濡れないようにする」というゴールに向かって、「空の様子を見ると今日は雨が降るはずだ。傘を持っていけば濡れないだろう」と当たりをつけ（仮説を立てて）、傘を持つという行動をしています。

スーパーでは、野菜・鮮魚・調味料・乾物・お菓子など、毎日お店の売場を隅々まで見て

いたら時間がかかってしまいます。「子どもたちが喜ぶ夕食を作る」というゴールに向かって、「今日、魚料理を作れば子どもたちは喜ぶだろう」という当たりをつけ（仮説を立てて）、鮮魚売り場を重点的に見て回ります。

仕事で何かを調べて報告するときも同じです。スーパーで特定の売り場にしか行かないのと同様に、広範囲にわたって情報を集めるのではなく、当たりをつけて情報を集めるのがよい情報収集のやり方です。

調査結果を適切に報告する、自分の考えを相手に理解してもらうといったゴールに向かって、与えられた条件（期日やアクセスできる情報リソースの種類）の下で、当たりをつけるのです。

ゴールに向けてシンプルな説明をするためにはまず、「今回の調査報告では、△△のような結果を報告すると相手の期待に応えられるだろう」と推測します。そのうえで、この情報リソースを使って□□についてのみ調べれば、△△について答えを得られるだろうと当たりをつけます。そうして初めて、調査に臨むべきなのです。

当たりをつけてから情報収集を開始

説明力が高い人は、相手が欲しがっている情報が何か、常に推測しています。説明の内容を強化してくれる調査手法とその調査結果がどのようなものになるか当たりをつけたうえで、情報収集作業を開始します。要するに、ゴールに向けて情報収集の範囲を絞ってから作業を始めるのです。だから、短時間で説得力が高い情報を効果的に収集することができるのです。

一方で説明力が低い人は、まず情報収集を始めてしまいます。たくさん情報を集めてから、何をどのように相手に説明しようかを考えるのです。すると、情報が多すぎてシンプルな説明ができません。せっかく調べたのに使わない情報がたくさんあるという状況にもなってしまいます。

スライド作成時はメッセージを決めた後で情報収集

プレゼンに必要な情報収集をするのであれば、構成や、各スライドのメッセージを決めてからにしましょう。図3－1で提示したＰｏｗｅｒＰｏｉｎｔ作成のステップの「②トピックごとにメッセージを明確化し流れを作る」を終えてから、調査に着手するのです。

説明力が高い人
報告の構成を考える
好まれる報告は?
調査方法を取捨選択
販売情報から報告しよう!
情報が足りなければ追加
情報収集に着手
販売データ
絞って調査実施
報告を実施
シンプルでいい
ベラベラ
説明力が低い人
はじめから情報収集に着手
アニュアルレポート
販売データ
市場レポート
様々な調査を実施
集めた情報から取捨選択
情報におぼれて悩んでしまう。そして捨てきれない。
報告を実施
話が長いな
ベラベラベラベラベラベラ

情報収集とはすなわち、「メッセージに説得力を持たせるための根拠の収集」、ないしは、「スライドに書こうとしているメッセージが本当に正しいかの確認」をするための作業です。まずは各スライドのメッセージを決め、その後、メッセージの根拠づけのために情報収集をするということを意識しましょう。

くれぐれも、各スライドのメッセージをゼロから考えるために情報収集をするのではないことを忘れないでください。

今回の宿題

仕事または日常生活で、自分が当たりをつけて(仮説を立てて)行動しているシーンを思い浮かべてください。そのうえで、何を仮説として設定し、行動した結果どうなったかを具体的に思い浮かべてみましょう。

2 脱力系情報収集にお勧め、無料で役立つ情報ソース

本章1で、情報収集は範囲を絞って効率的に実施すべしと述べました。ここで重要になるのはどのように情報範囲を絞るか、つまりどのような情報ソースを選ぶかです。情報ソースの選び方を間違えると、良質な情報を収集できません。

そう言われてもどんな情報ソースを選んでよいか分からないという方も多いでしょう。信頼性の高い情報ソースは高額で入手しにくいと考えている方もいらっしゃるかもしれません。しかし、入手が容易で役に立つお勧めの情報ソースがあります。

上場企業が開示しているIR情報は宝の山

その情報ソースとは、上場企業が公開しているIR（投資家情報）資料です。IR資料は宝の山です。

上場企業が自社のWebサイトで公開している情報は数値が並んだ決算情報のみだと思い

込んでいる人もいますが、実際はそうではありません。数値以外のさまざまな情報が開示されています。

特に初心者にお勧めなのは、スライド形式で公開されている補足資料や、アニュアルレポート（年次報告書）です。株主に対して分かりやすく現状を説明することを目的に、各社がグラフや写真を用いて作成しています。これらを読むことで、次のようなことが分かります。

●業界の現状

業界に影響を及ぼす経済状況・該当業界の政策状況がどのように変化しているのか把握が可能です。業界の市場規模の推移、経済ニュース、規制の変化などを、ＩＲ資料から読み取ることができます。

●業界の将来

業界が将来どのように変化すると見込んでいるのか、当該企業の見解を把握できます。特に、アニュアルレポートには経営者のコメントが書かれていることもあり、経営者がどのような将来を想定し、どのような経営戦略を立てているのかを知ることができます。

●各社の戦略

業界の現状や将来予想を踏まえ、当該企業がどのような対応を取ろうとしているかを把握できます。現在、どのような課題があり、そのためにどのような対策をしようとしているのかも分かります。売上に関する話題にとどまらず、経費の削減、物流の効率化、ブランディング、内部統制などさまざまな戦略を読み取れます。

●業界特有の重要指標（ＫＰＩ）

企業が重要視している指標を知ることができます。資料中のグラフで示されている数値はその企業が重視している数値です。例えば、Ｗｅｂサイトの累計ページビュー数、１店舗当たり売上高、外国人利用者の比率などです。

その企業にとって株主へのアピール材料となる良い数字ばかりが記載されているケースも多いのですが、それでもＫＰＩを把握するうえで参考になります。

●各社の数値水準

当該上場企業が、各種指標についてどの程度の数値水準であるかを把握できます。例えば、都道府県別に店舗数と売上高を公開している企業の数値を用いて計算すれば、都道府県別１店舗当たりの年間売上高が把握できます。さらに、来店客数情報から客単価を導き出せます。

また、各社が公開している月次の売上高の対前年比推移を見れば、類似事業を展開している他社は、どの程度の売上増減になっているかが分かり、自社と比較することもできます。

このように、上場企業各社が公表しているIR情報の中の「補足資料」「アニュアルレポート」を見れば、難しい数字を理解しなくても貴重な情報を収集できるのです。無料で使える各社の生の現状を把握できる材料として、ぜひ使ってみてください。

今回の宿題

興味がある上場企業1社を選び、Webサイトに掲載されているIR情報を読んでみましょう。

3 自社商品が売れていない理由を「3つのステップ」で調べる

「商品が思うように売れない！」――よくあるシーンです。売れない理由を分析するために情報収集をする必要がありますが、どのように進めたらよいでしょうか。

このような問題に直面するチームでは「とりあえず、顧客インタビューをしよう」「Webアンケートをしよう」などさまざまな意見が飛び交いますが、よく考えずに調査に着手するのは避けるべきです。

まずは、売上不振の要因が何か当たりをつけましょう。本章の**1**で説明した「仮説思考」を用います。売れない理由のうち可能性が高いものを絞り込んでから、実際にデータを用いて分析作業をし、当たりをつけた内容が正しいかどうかの確認・裏付けを行います。最後に、なぜ不振原因が発生してしまっているのかをさらに深堀りして調べます。

この流れを整理して書くと大きく3つのステップに分けられます。

ステップ1：当たりをつける（仮説を立てる）

何が売上不振の要因なのか、当たりをつけます。当たりをつけるための方法の例として、次のようなものがあります。

● 営業担当へのヒアリング

顧客の反応はどうか、顧客層や顧客の購買行動に変化がないかを教えてもらう

● 業界の専門家へのヒアリング

業界のトレンドとして何が流行しているのか、業績が伸びている競合企業は何に取り組んでいるのか、業績が落ち込んでいる競合企業は何が要因なのか、業界の専門家の目線から自社はどう見えているのかを教えてもらう

● 自社の顧客や競合の顧客へのインタビュー

「自社商品を購入し続けてくれているユーザー」「自社商品の購入をやめ他社に乗り換えたユーザー」などに商品についての考えを教えてもらう（このステップでは、インタビューしやすい顧客への簡易的なインタビューでかまわない）

ステップ2：データ分析で仮説を検証する

ステップ1で当たりをつけたのが本当に不振の要因なのか、どの要因がどの程度の影響の大きさなのかを、データを用いて分析します。集計する対象データは、例えば次のようなものです。

●自社の商品販売データ・顧客データ

自社で所有しているデータの分析です。どのような顧客が、どの程度商品を購入しているのかを分析します。例えば、性別・年齢帯別、地域別、店舗別、季節別に自社の商品がどの程度購入されているのか、過去と現在で比較します。

●Webアンケートデータの分析

自社では保有していないデータを収集し分析します。市場全体でどのような変化が起こっているのか、競合商品を購入している顧客にはどのような特性（性別・年齢帯別、地域別、店舗別など）があるのかといった分析に役立つデータは、自社では保有していません。そのため、アンケート会社など外部の調査機関が提供するツールやサービスを用いて、Webアンケートなどを実施します。こうして新しい情報を取得し、分析を行います。

ステップ3：背景をさらに詳しく調べる。対策を考える

ステップ2のデータ分析によって把握したことについて、その要因をさらに深堀りして確認します。数字では把握しきれない消費者の〝生の声〟を聞くための方法です。

●消費者へのインタビュー

複数人の消費者を集めてインタビューします。一般的には、FGI（Focus group interview）と呼ばれています。次のような消費者カテゴリーを設定して、カテゴリーごとに複数人のインタビューを実施するとよいでしょう。

i　自社商品を購入し続けてくれている人（愛用者）
（自社商品のどのような点を評価しているか教えてもらう）

ii　自社商品を過去に購入していたが最近は購入をやめたユーザー（流出者）
（なぜ自社商品の購入をやめてしまったのか、購入をやめた理由は競合商品へ移行してしまったからなのか。競合商品へ移行した理由は何か、どのような改善がされたら自社商品に戻ってくれるのかを教えてもらう）

iii　競合商品を購入するが自社商品を購入してくれないユーザー（競合ユーザー）
（競合商品のどのような点に魅力を感じているのかを教えてもらう）

このように売上不振の原因を探り、対応策を検討する際には、仮説思考の考え方に立って体系だったプロセスを用います。そうすることで、重要な要因を見逃すことなく対応策を検討できるようになります。

売上不振の原因を考える際には、やみくもに調査して結論を出すのではなく、ここで紹介した流れの全体を意識してみてください。

今回の宿題

ステップ1に関する宿題です。自分が担当している商品やサービスを1つ思い浮かべてください。これの売上が伸びている（または伸びていない）理由は何か、当たりをつけて（仮説を立てて）みましょう。

4 期待の商品が売れない。原因の分析方法（ファネル分析－Part1）

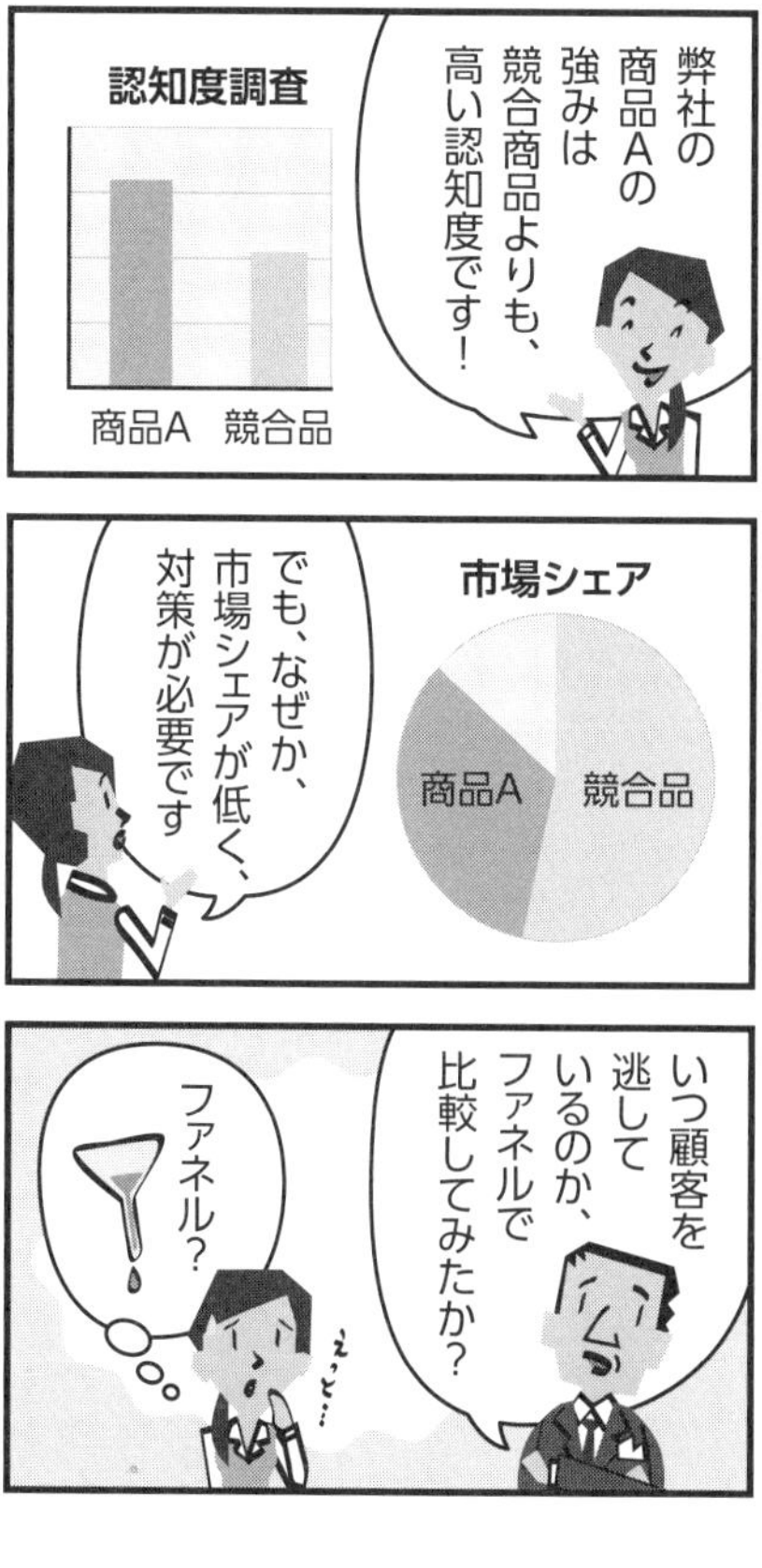
弊社の商品Aの強みは競合商品よりも、高い認知度です！
認知度調査
商品A
競合品
でも、なぜか、市場シェアが低く、対策が必要です
市場シェア
商品A
競合品
いつ顧客を逃しているのか、ファネルで比較してみたか？
ファネル？
えっと…

ここからは、売上不振の原因を探るための具体的な手法を紹介します。マーケティングで用いられる分析手法ですが、消費者像を正しく捉えて市場ニーズを的確に把握するスキルは、今後すべてのビジネスパーソンに求められるでしょう。

今回は、α社で新商品の販売チームに所属する新井さんの例で考えます。新井さんが手掛けるのは、自社の高度な技術を利用して開発した期待の商品。家電量販店を中心に販売されています。

発売から3カ月が経過しましたが、当初の想定よりも売れ行きが良くないようです。新井さんはチームリーダーから、何を改善すべきか分析するように命じられました。

高度な技術を取り入れて満を持して発売された自信作であるにもかかわらず、なぜか売れないという状況では、「どのように販売不振から立ち直るのか」を検討する必要があります。

ではどうやって検討するのか。よくあるのが、消費者を対象に調査を実施することです。自社商品を購入した人やしていない人に調査をし、なぜ売れていないのかを探ります。

このとき、深く考えずに調査を実施すると有益な結果を集められません。実際に筆者は、開発部門出身の人が主導したアンケートが単なる感想を集めただけのものになってしまい、分析に生かせなかったというケースを何度か目にしたことがあります。

そこで紹介したいのが、「ファネル分析」と呼ばれる手法です。商品購入者が検討から実際の購入に至るまでのプロセスを分解し、各段階のどこで潜在購入者を流出させてしまっているのかを明らかにします。コンサルが販売不振要因の分析によく使います。

この手法を知っていれば、調査項目を適切に設定して、有意義な分析をしやすくなります。

どの段階で流出が発生しているかを明らかに

ファネルとは、じょうごのことです。逆三角形のじょうごに注ぎ込まれた液体が細い口から流れ出ていくように、一般消費者のうち商品の購入までに至る人が徐々に絞り込まれていくことを示しています。

図5－1がファネルの例です。消費者の商品認知から購買までの流れを、5段階に分解しています。

①は消費者（世の中全体）です。このうち、②分析対象商品の名前を聞いたことがある、③その商品を店頭で見かけたことがある、④店頭で見かけたその商品を購入検討したことがある、⑤店頭で検討した後に実際に購入に至った、といった具合に、対象者が減っていきます。

図 5-1　アパレルブランドのファネルの例

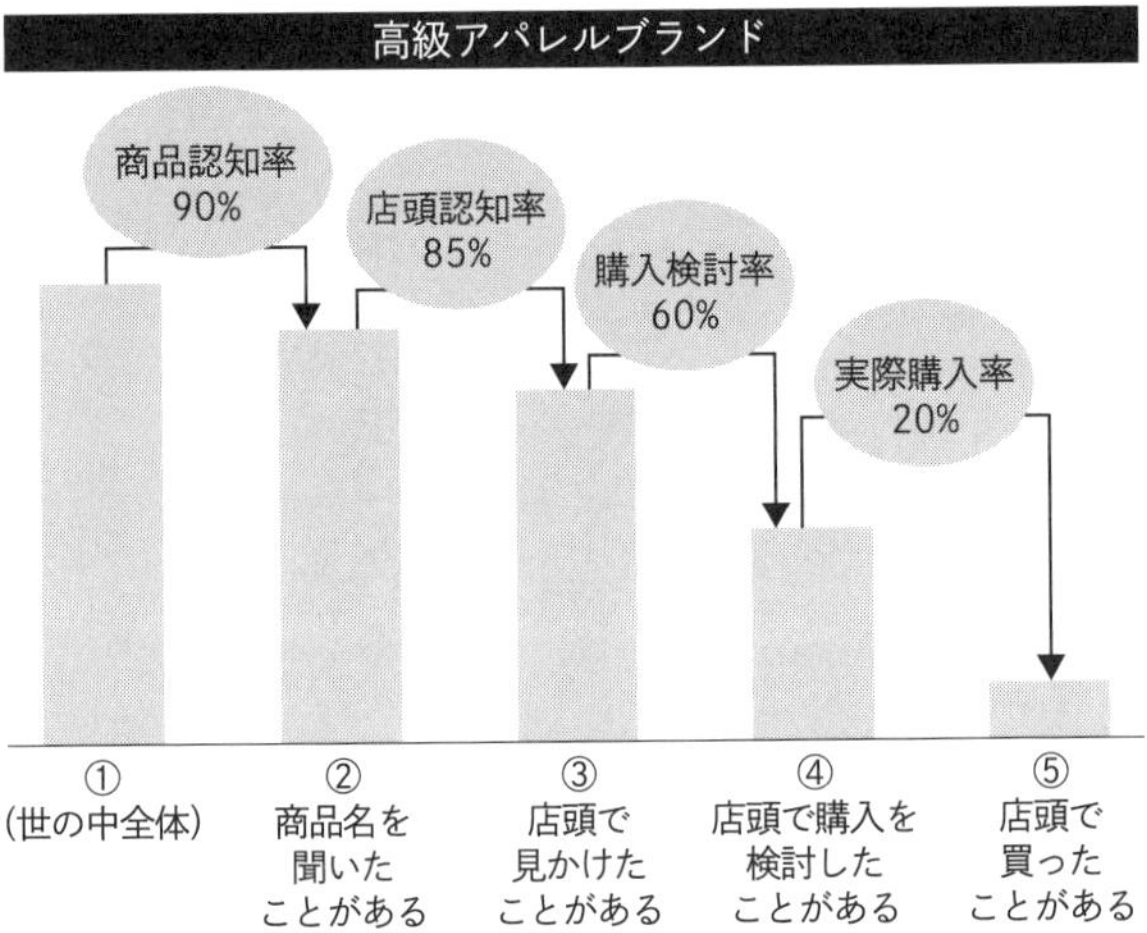

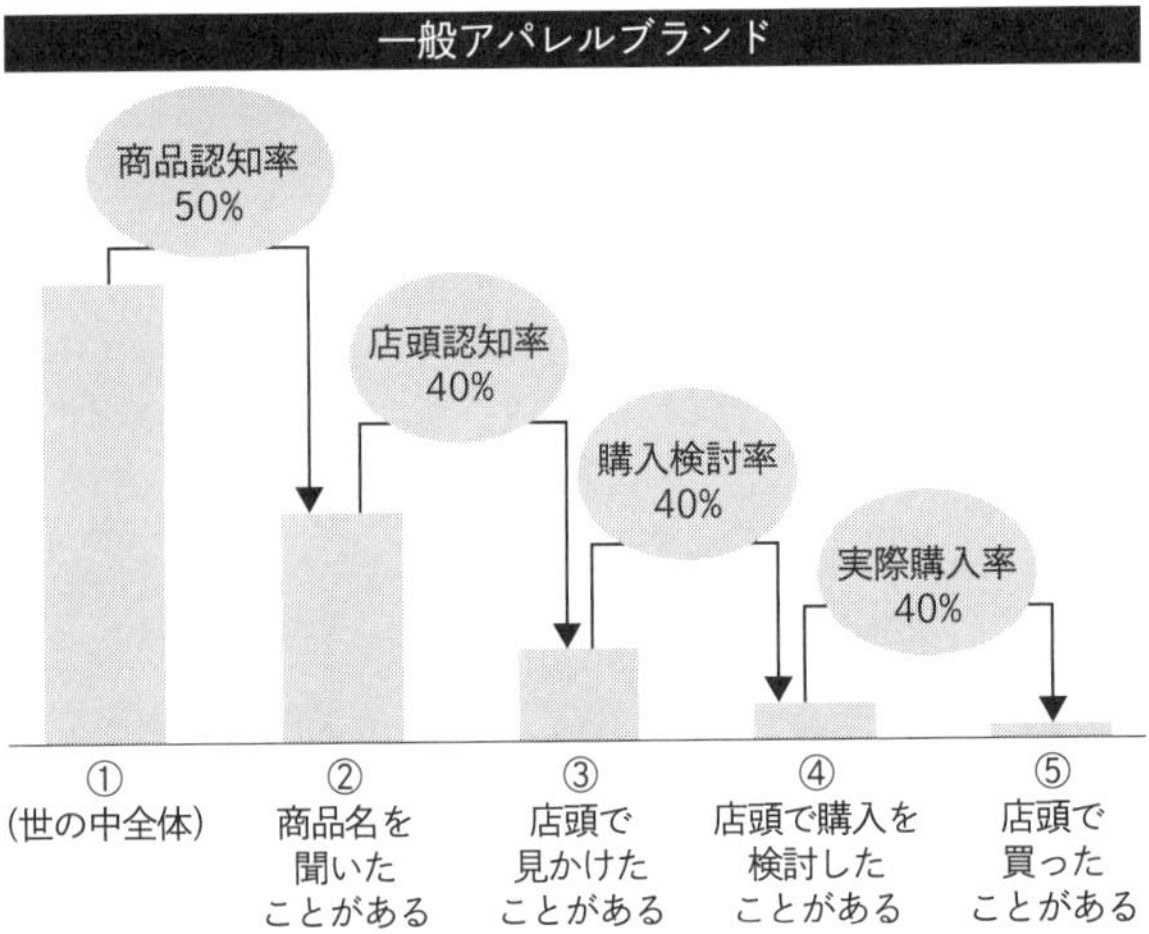

段階ごとに、どの程度の消費者が次のステップに移行したかの比率を「率（％）」で示しています。「商品認知率」「店頭認知率」などです。

これらの値を100％から引いた値が、各段階の流出率です。例えば図5－1の上のグラフで「実際購入率」は20％になっていますが、この段階での流出率は80％です。店頭で購入するかを検討したものの、最終的に80％の人が購入しなかったことを意味します。

消費者に調査を実施する際は、これらの率を求めることを意識して設問を用意すればよいのです。

消費者の購買行動が見えてくる

実際のビジネスを想定してみましょう。百貨店や免税店で販売されているような高級アパレルブランドを想像してください。こうしたブランドは、プロモーション活動が活発で世の中に広く知られています。

多くの人が過去に一度は憧れを持って店舗を訪れ、購入検討をしたことがあると思います。しかし、大半は店舗までは足を運んだものの商品が高額なために購入を断念します。この場合、図5－1の上のようなファネルになります。認知率は高いが、実際購入率は低いファネルです。

図5−1下のファネルは、一般アパレルブランドのものです。商品認知率はあまり高くなく、各段階で少しずつ潜在顧客を取り逃がしています。

このように、消費者の購買行動をファネルの考え方を用いてビジュアル化することで、商品やサービスの特徴を把握できるのです。

次に、B2Cソフトウエアの例を見てみましょう。一般消費者に広く購入されることを想定したソフトウエアの場合は、各段階で消費者の取り逃がしが発生するため、自然な階段状になります（図5−2）。店頭の棚では競合商品も多いことから、実際の購入率は低い数値となります。

この図の下は、専門家をターゲットとしたソフトウエアの場合です。認知率は低く、量販店の店頭に配架されている可能性も低くなります。しかし競合も少なく、知る人ぞ知る商品であるため、実際購入率は高くなるのです。

自社と競合を比較できる

ここまでで、ファネルとは何かがご理解いただけたでしょうか。実際のビジネスの現場で

図 5-2　B2C ソフトウエアのファネルの例

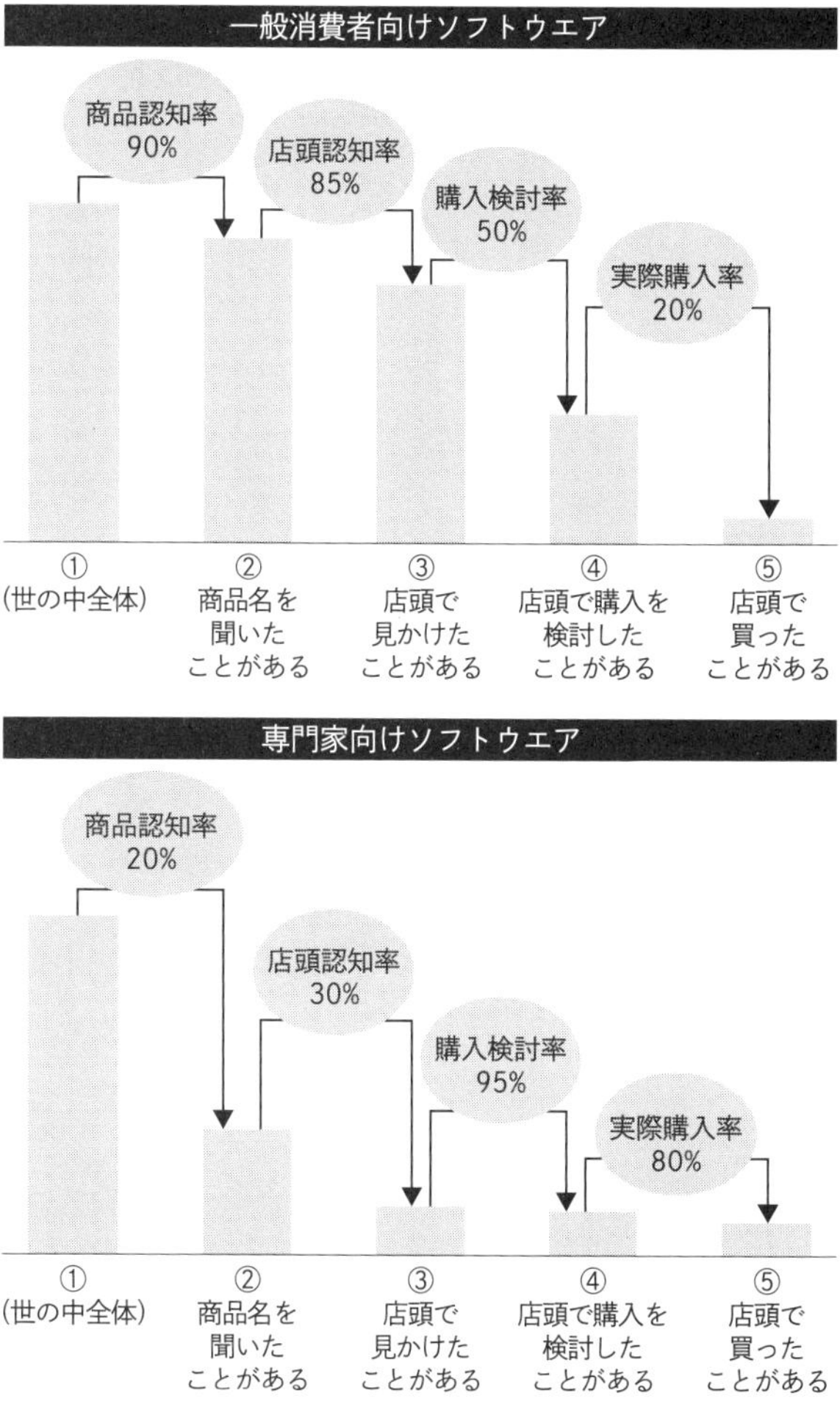
一般消費者向けソフトウエア
商品認知率 90%
店頭認知率 85%
購入検討率 50%
実際購入率 20%
①（世の中全体）
② 商品名を聞いたことがある
③ 店頭で見かけたことがある
④ 店頭で購入を検討したことがある
⑤ 店頭で買ったことがある
専門家向けソフトウエア
商品認知率 20%
店頭認知率 30%
購入検討率 95%
実際購入率 80%
①（世の中全体）
② 商品名を聞いたことがある
③ 店頭で見かけたことがある
④ 店頭で購入を検討したことがある
⑤ 店頭で買ったことがある

は、自社と競合他社の比較の際にファネルが役立ちます。自社（α社）と競合他社（β社）を比較した具体例を図5－3に示します。

β社商品は多額の広告費をかけてプロモーションを展開しているため、認知率は高く世の中に広く知られています。しかし実際に店頭で購入される率（実際購入率）は低い状態であることが分かります。

一方、α社商品は認知率は低いものの店頭では消費者に選ばれやすい傾向にあります。α社商品は、店頭でのアピール力または商品力が強いということです。α社商品をさらに拡販するためには、商品力の強化や店頭での訴求力の強化ではなく、β社と同等程度までプロモーションを強化すべきことが分かります。

ファネルの考え方が活用できるのは、店頭販売を前提としたビジネスモデルに限りません。法人が顧客になるシステムベンダーでも、住宅展示場に足を運んだ人にアプローチするハウスメーカーでも、顧客が存在する事業ならば必ずファネルの考え方を適用できます。

業務活動の改善に役立つ

ここまで挙げてきた例のように、ファネルは一般的に商品の販売不振改善のために用いら

図5-3　ファネルを使った競合他社との比較例

	α社商品（自社）	β社商品（競合）	各社傾向
商品認知率　①→②	40%	90%	α社よりもβ社の方がマスプロモーションや店頭の棚の獲得に積極的に取り組んでいる **➡プロモーション力ではβ社（競合）に負けている**
店頭認知率　②→③	30%	90%	
購入検討率　③→④	80%	80%	配架されている店では、両社とも同等の露出度
実際購入率　④→⑤	70%	40%	最終的にはα社が選ばれ、リピートもα社が高い **➡商品力はα社（自社）が高い**
リピート率　⑤→（⑥）	90%	20%	

れます。しかし、課題を分解してどこで問題が発生しているのかを把握するファネルの考え方は、さまざまな業務改善の検討にも応用できます。例えば、営業活動の成果が上がらない、商品開発に時間がかかる、事務作業が煩雑になっているといった課題を分析するのにも応用可能です。

　このようなケースでは、過去と現在の数値を比較したり、担当者別に比較をしたりすることが有効です。図5－4では、営業活動の効率性について担当者の比較をしています。

　この図で「杉山氏」は、成約につ

図 5-4　ファネルの考え方を利用した業務改善検討例

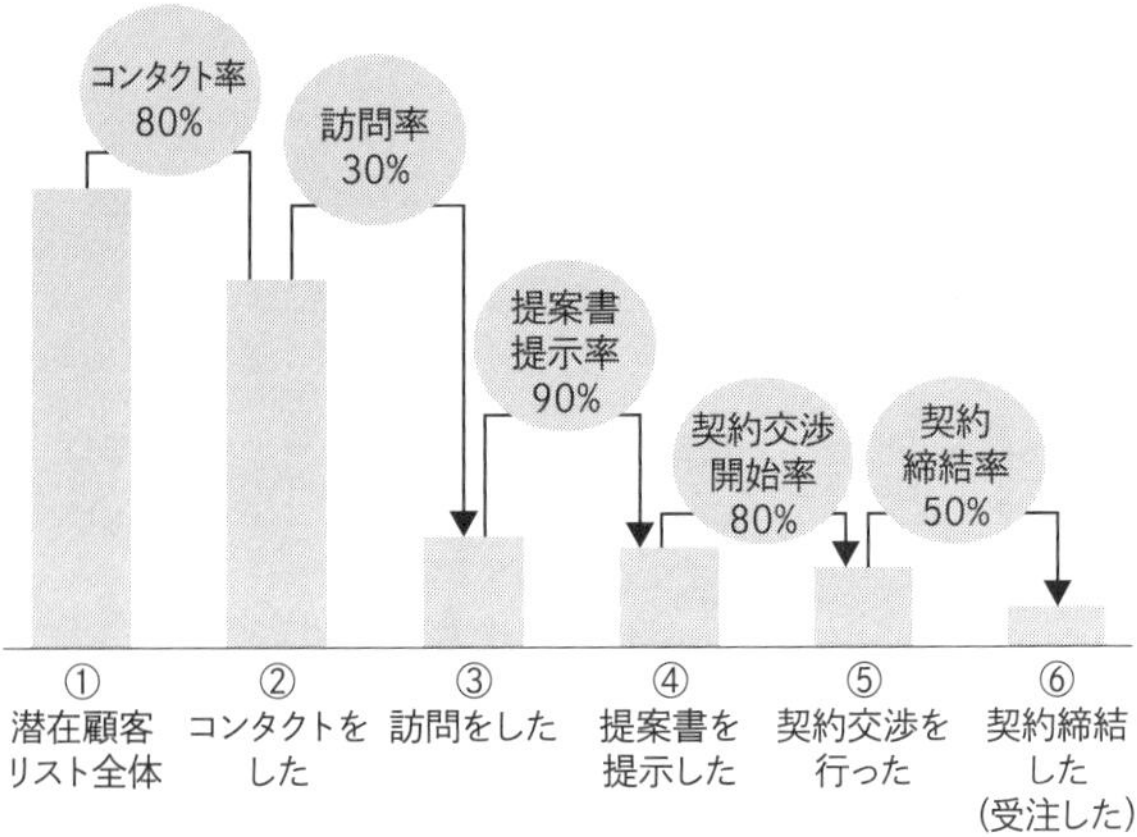

		杉山氏	鈴木氏	
コンタクト率	①→②	80%	85%	
訪問率	②→③	30%	70%	差が大きい
提案書提示率	③→④	90%	30%	差が大きい
交渉開始率	④→⑤	80%	30%	
契約締結率 (= 受注)	⑤→(⑥)	50%	30%	

➡杉山氏は可能性の高い顧客のみを訪問する
「精度の高い」営業スタイルだが開拓力が弱い
➡鈴木氏は数多くの顧客を訪問する
「足で稼ぐ」営業スタイルで精度は低い

各人の営業活動において、
どのプロセスが弱いのかも把握可能

ながりそうな顧客に絞って訪問をしており、訪問してから成約までの精度が高くなっています。半面、開拓力を発揮していないことが分かります。

一方の「鈴木氏」は数多くの顧客を訪問し、「足で稼ぐ」営業スタイルを実施しています。精度は低いけれど、開拓力は高いといえます。

このように、ファネルの考え方はどこで顧客の取り逃がしをしているのかを把握し、何をテコ入れすべきなのかを明らかにするために有効な考え方です。せっかく時間をかけて開発した商品の売上をさらに拡大するために、ファネルの考え方を取り入れて調査や分析をしてみてはいかがでしょうか。

今回の宿題

自社商品・サービスを1つ選び、ファネルを作ってみましょう。

5 そのWebアンケートは本当に役立つ？不振の真の理由を探る方法（ファネル分析－Part2）

前節で、消費者が実際に商品の購入に至るまでの検討ステップと、購入に至らずに流出してしまう過程を明らかにする「ファネル」という考え方を紹介しました。ファネルの考え方を用いれば、①消費者全体→②商品名を聞いたことがある→③店頭で商品を見かけたことがある→④店頭で実際に手に取って購入を検討したことがある→⑤実際に購入した、という各ステップのどこで、顧客の取り逃しが発生しているのかを明らかにできます。

しかしこれだけでは、取り逃しが発生しているステップは把握できても、原因を特定して改善案を考えて実行するには至りません。そこで本節では、「購入を検討してくれたけれども実際には購入してくれなかった理由を特定して、改善アクションにつなげる」方法を紹介します。言い方を変えると「購入に至る顧客はなぜ購入してくれるのか明らかにする」ことでもあります。

商品Aが購入されない原因を、ファネルで分析

前回同様、α社の新井さんの例で考えましょう。新井さんが手掛ける新商品は、発売から3カ月が経過しましたが、当初の想定よりも売れ行きが良くありません。むしろ、競合β社の商品Bのほうが売れています。新井さんはチームリーダーから、何を改善すべきか分析するように命じられました。

自社（α社）の商品Aと競合（β社）の商品Bのファネルを比較しながら考えていきます。商品Aは消費者が手に取って検討してくれるところまでは至っているものの、競合の商品Bに比べて実際の購入には至る割合は低くなっています（図5－5）。

商品A：

店頭で商品Aを購入するかどうか手に取って検討した人が10人いたら、そのうちの2人しか商品を購入しない（店頭での実際購入率20％）。

図 5-5　商品 A が購入されない原因を、ファネルで分析

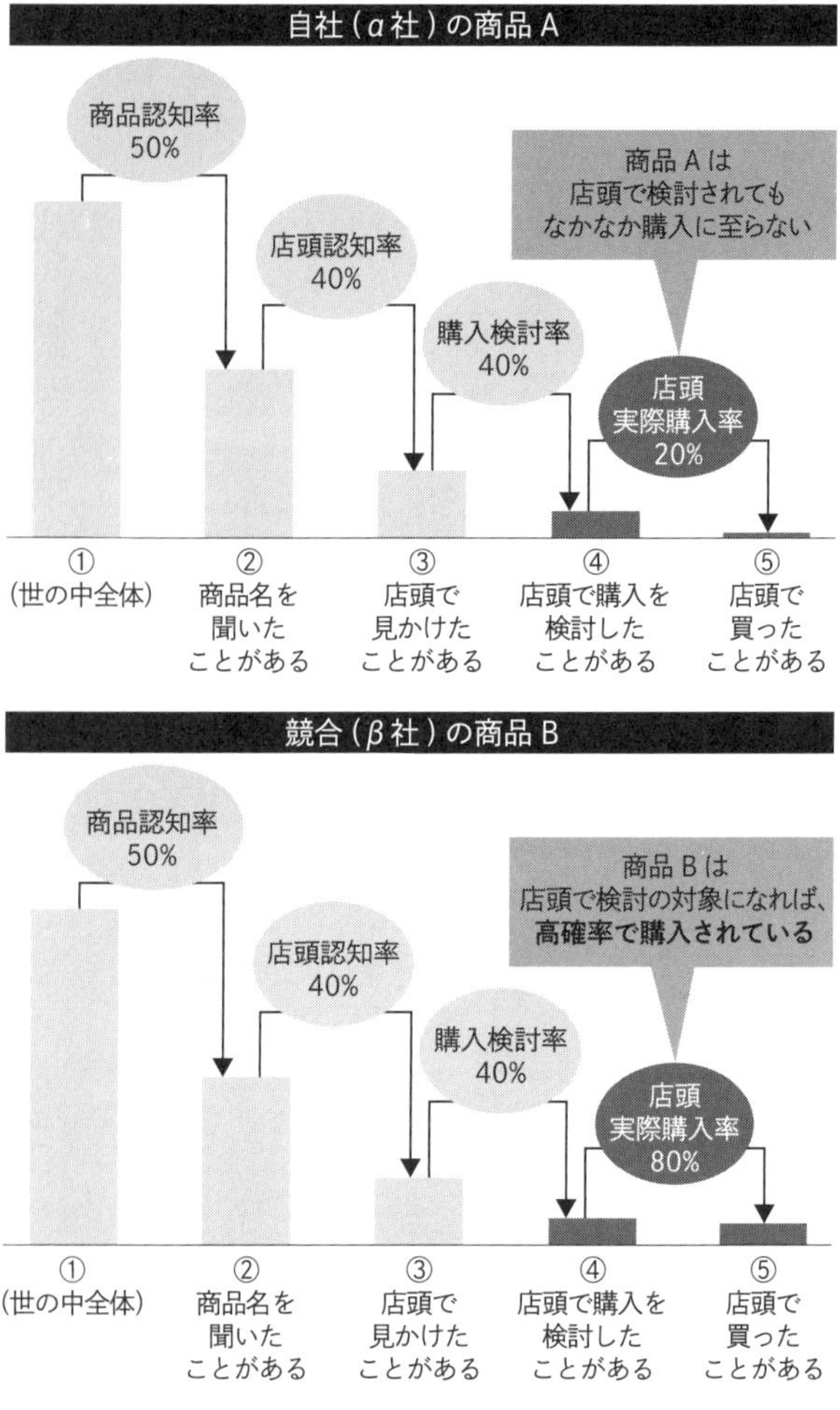

商品B：
店頭で商品Bを購入するかどうか手に取って検討した人が10人いたら、そのうちの8人は商品を購入する（店頭での実際購入率80％）。
ここから、商品Aが購入されない原因は「店頭での訴求の弱さ」にあると考えられます。

Webアンケートの質問事項は、ファネルを意識して作る

店頭での訴求の弱さが問題だと分かったら、なぜ訴求力が弱いのかその背景をさらに分析していきます。

店頭での訴求の弱さと一言で言っても、店頭で一緒に並べられている他社商品と比較して、「価格や割引率が魅力的ではなかった」「デザイン性（見た目）が劣っていた」「店頭ＰＯＰが分かりにくかった」などさまざまな要因が考えられます。これらのどの原因が問題なのかを探るために活用できるのが「消費者調査」です。

消費者調査の手法として、消費者に直接インタビューする方法などもありますが、インタ

図5-6　ファネルのステップごとに、
Webアンケートの質問項目を作る

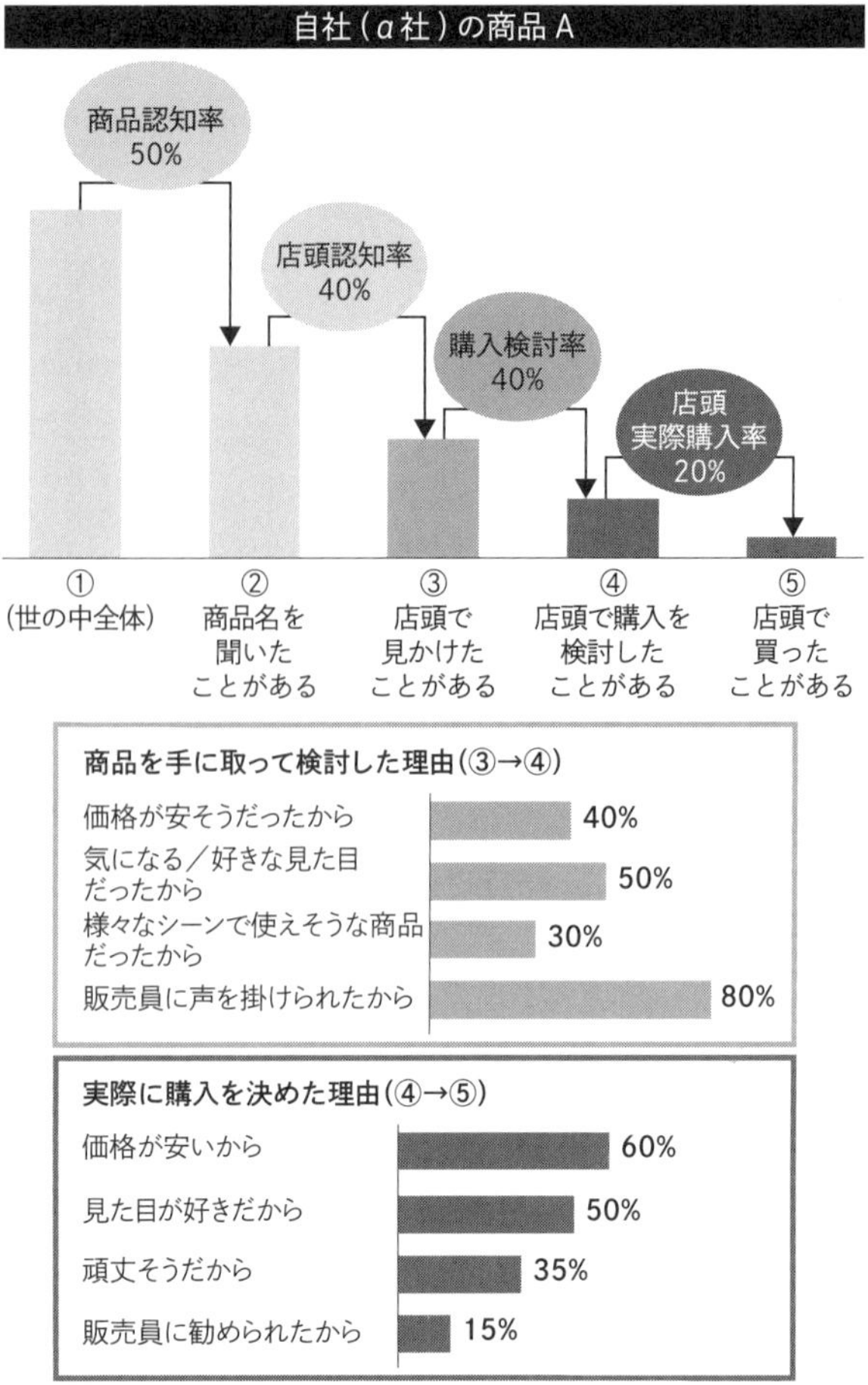

ビューでは定量的に全体傾向を把握することが困難です。ここではＷｅｂアンケート調査（定量調査）を実施するのがよいでしょう。

この質問項目を考えるときに、ファネルが役立ちます。図５－６のように、ファネルのステップごとに該当する消費者に質問すればよいのです。具体的には「次のステップに行かずに購入検討をやめた理由」「購入検討の次のステップに行く理由」を質問事項にします。

この図の下段にあるグラフは、「商品Ａを店頭で手に取って購入を検討した経験のある人にうかがいます。なぜ、商品Ａの購入を決めたのですか？」という質問への回答を集計したものです。ここから、潜在顧客がファネルの次のステップに移行せずに流出した原因を推測できます。「商品Ａを店頭で手に取って購入を検討した経験のある人にうかがいます。なぜ、商品Ａを購入しなかったのですか？」という質問でも構いません。

競合他社と比較しなければ問題点は分からない

商品Ａが購入されにくい原因を特定するには、他社商品との比較も必要です。商品Ａだけの調査では、一般的な水準が分からないため自社商品の問題点を明らかにできません。

図 5-7　Web のアンケート結果比較

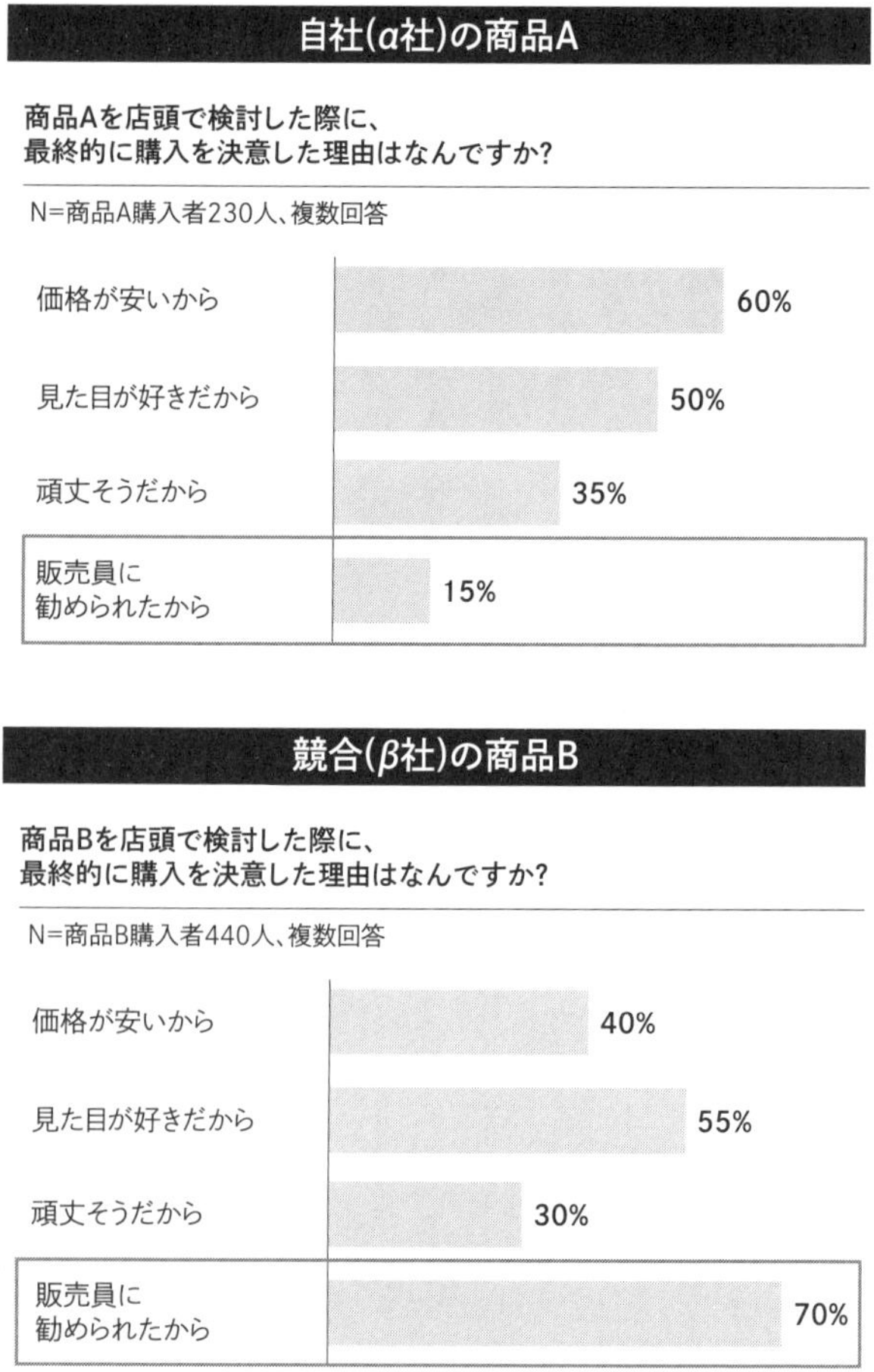
自社(α社)の商品A
商品Aを店頭で検討した際に、
最終的に購入を決意した理由はなんですか?
N=商品A購入者230人、複数回答
価格が安いから
60%
見た目が好きだから
50%
頑丈そうだから
35%
販売員に
勧められたから
15%
競合(β社)の商品B
商品Bを店頭で検討した際に、
最終的に購入を決意した理由はなんですか?
N=商品B購入者440人、複数回答
価格が安いから
40%
見た目が好きだから
55%
頑丈そうだから
30%
販売員に
勧められたから
70%

Webアンケートでは、他社商品に関しても同様の質問をして比較対象とします。商品Aと同様の質問を競合商品Bの購入者に投げかけ、両者の結果を比べました（図5－7）。

店頭で商品を手に取った購入者が実際に商品購入を決意した理由を見てみると、商品Aは「価格が安いから」が理由である一方で、商品Bは「販売員に勧められたから」が理由であると分かります。すなわち、「商品Aは商品Bと比較して、価格の訴求力は高そうではあるものの、販売員による商品アピール力が弱い」という仮説を立てることができます。商品Aは価格訴求力があるので、あとは商品Bと同程度の店頭販売員によるアピール力があれば、購入者を増やせると考えられます。

問題点が分かったら、具体的な改善案を検討

Webアンケートを実施して問題点を把握したら、それを解消するための施策を検討します。実際には問題点を把握しただけで終わってしまい、Webアンケートの調査結果を効果的に活用できていない人をよく見かけます。それではせっかく調査をした意味がありません。

今回のWebアンケートでは、商品Aは販売員による店頭訴求力が弱いことが分かりました。まず、この調査結果が正しいかどうかを、別のデータを用いて検証します。商品Aを販売する自社α社と、商品Bを販売する競合β社の店頭販売員の配置店舗数データを新しく入手し、比較してみました。すると、α社のほうが店頭販売員の数が少ないことが明らかになりました。

筆者であれば、この情報を基に「割引キャンペーンやマス広告の強化に注力するのではなく、店頭販売員の数を増やす施策を優先すべし」と進言します。さまざまなプロモーション活動に予算を振り分けるのではなく、まずは店頭販売員を増やすことに投資するよう、プロモーション活動の変更を提案するのです。

以上、ファネルの考え方を用いたアンケート設計の方法を紹介しました。目的がはっきりしないままWebアンケートを実施しているケースをよく見かけますが、それでは効果的な調査ができないばかりか、無駄な時間や手間を費やすことになります。Webアンケートをする際には、ファネルの考え方を基盤にして、改善案まできちんと作ることを意識するとよいでしょう。

今回の宿題

本章4で作成したファネルを使い、何を解明すれば改善案が出せるのか考えてみましょう。

おわりに

　会社では研修を受け、経営や仕事に関する本を読み、さまざまな知識を学びますが、なかなか実務で使うことはないのではないでしょうか。例えばＳＷＯＴ分析はビジネスの初歩として研修でもよく取り扱われますが、実務で使ったことがある人はほとんどいないのではないでしょうか。

　せっかく習っても実務で生かせないのは、とてももったいないことです。本書では、ＳＷＯＴ分析、ロジックツリー、プレゼン、資料の作り方など、よく知られているテーマについて、「実務で使えるようになるコツ」を説明しています。過去に学んだはずの手法が、本書を通して「実務で使えるようになった！」という声を１人でも多くの方から聞けると嬉しく思います。

　もう１つ、本書の重要なテーマが「脱力」です。筆者が過去に勤めていたようなグローバルコンサルティングファームの多くは、ハードワークが求められる世界です。筆者自身、海外企業のM&Aが担当だったこともあり、深夜（というか早朝）4時、5時までヘトヘトになって仕事をし、朝9時には再び出社する、そんな生活を送っている時代もありました。頑張っても頑張ってもキリがありませんでした。

こんな環境の中で、1年も会社に在籍せずに辞めていく人もたくさんいました。共に働いていた多くの仲間たちが会社を去っていくのを見ながら、少なくとも自分が教育する後輩には同じように辞めてもらいたくないという思いで伝えていたのが、なるべく手間をかけずに力を抜いて説明をする技術なのです。

本書では仕事で求められる数多くのスキルの中から、「説明力」にフォーカスを当てました。説明力が低いと、何をやっても評価されません。新しい企画を実現するにも説明力が必要です。議事録を書くにも説明力が必要です。上司や部下を動かすにも説明力が必要です。営業をするにも説明力が必要です。本書が、あなたの仕事を好転させる一助になればうれしく思います。

最後に、企画段階から私の話に耳を傾け執筆の機会をくださり、多くの方の役に立つためのアイデアもくださった日経BPの中村建助様・八木玲子様、短い期間の中でまとめ上げるためにご尽力をくださった野澤靖宏様・細谷和彦様に心よりお礼申し上げます。

2021年3月

小早川　鳳明

著者略歴

小早川 鳳明（こばやかわ・ほうめい）

パイオエッジ株式会社代表

デロイトトーマツコンサルティングにて国際 M&A を担当し、現在は国内・海外企業の経営再建や経営改革、企業買収業務を行う。成長基盤強化を目的に外国企業に役員として参画する経験を持つ。世界的な製造業、高級ブランドにて、事業戦略策定、事業承継、M&A/PMI、新規事業立ち上げなどを行う。

パイオエッジ株式会社では、事業実現の推進力がない企業を支援するために「社外経営企画部」を掲げ、経営ブレインとしてサービスを提供する。

著書に、リアルな経営改革と企業買収の現場を描いた『ハーバード・MIT・海外トップ MBA 出身者が実践する 日本人が知らないプロリーダー論』、『世界のトップコンサルが使う 秒速で人が動く数字活用術』（ともに PHP 研究所）がある。

日経文庫 1435

コンサルタント的 省力説明術。

2021 年 3 月 15 日　1 版 1 刷

著者　小早川 鳳明
発行者　白石 賢
発　行　日経 BP
日本経済新聞出版本部
発　売　日経 BP マーケティング
〒 105-8308　東京都港区虎ノ門 4-3-12

装幀　next door design
組版デザイン　野田明果
DTP　マーリンクレイン
印刷・製本　三松堂

ISBN978-4-532-11435-0
Printed in Japan

本書籍に関するお問い合わせ、ご連絡は下記にて承ります。
https://nkbp.jp/booksQA